Anna Elissa Radke (Ed.)

Alaudae
ephemeridis nova series
Fasciculus primus

Noctes Neolatinae
Neo-Latin Texts and Studies

Herausgegeben von
Marc Laureys und Karl August Neuhausen

Band 5

Anna Elissa Radke (Ed.)
Alaudae
ephemeridis nova series
Fasciculus primus

Georg Olms Verlag
Hildesheim · Zürich · New York
2005

Alaudae
ephemeridis nova series
Fasciculus primus

curavit
Anna Elissa Radke

Georg Olms Verlag
Hildesheim · Zürich · New York
2005

Gedruckt mit freundlicher Unterstützung der
Stiftung Pegasus Limited for the Promotion of Neo-Latin Studies.

•

Die Deutsche Bibliothek verzeichnet diese Publikation in der Deutschen Nationalbibliografie; detaillierte bibliografische Daten sind im Internet über *http://dnb.ddb.de* abrufbar.

ISO 9706
Gedruckt auf säurefreiem und alterungsbeständigem Papier
Umschlaggestaltung: Christoph Fialla, Hildesheim
Herstellung: KM-Druck, 64823 Groß-Umstadt

Printed in Germany

www.olms.de
ISBN 3-487-12997-3

In laudem alaudae
(carmen dedicatorium)

FIDELIS RÄDLE

Dulci fruens carmine caelum pervagari
gaudes, quasi appetas orbem solis clari,
pernix tu et agilis alâ pede caudâ,
avis tam amabilis, parvula alauda.

Scio, unde nomen sit tuum derivatum:
Deus, cum te condidit, dedit hoc mandatum:
"creatorem gloriâ numquam tu defrauda,
sed praeclara opera lauda mea, lauda!"

Laudem illam domini tu non neglexisti,
caelis quae propinqua es tam quam mundo isti.
dum sublimis transvolas montem atque pratum,
me delectat humilem carmen tuum gratum.

Praefatio

Ecce nunc iterum subvolant alaudae — AERe nixae — in altum, postquam diutius uno saeculo latuerunt in sulcis oblivionis, alaudae nempe redivivae, quas primus emisit in mundum litteratum *Carolus Henricus Ulrichs*, qui edidit eam ephemeridem, cuius titulus est "Alaudae", ab anno 1889 usque ad annum 1895 ad propagandam linguam Latinam per totum orbem terrarum; nam ut alaudae sole oriente se levant in altum, sic periodicum illud "Alaudae" nuncupatum annuntiavit novum mane Latinitatis.

At id non exacte fuit idem, quod ego nunc efficere volo: non propago linguam Latinam, ut fiat sermo cottidianus unicus inter nationes, sed ut sit Latinitas una vox inter multas et imprimis ut et nostris temporibus porro texat contextum poeticum, quem incohavit *Homerus* et qui adhuc continuatur a recentissimis poetis Neolatinis.

Redivivae autem alaudae non solum evolent carmina Latina praedicatum, sed etiam philologos convocatum, ut illi interpretentur carmina recens divulgata nec spernant ea, quod — proh dolor! — saepe fit. Tamen continet hic fasciculus quosdam commentarios poetis iam mortuis dedicatos; unus modo interpretatur poesin auctoris adhuc viventis (*Walterus Wimmel* interpretatur carmen quoddam editricis.) Sed omnes acroases, quae habitae sunt in officina poetica anno 2002, pertinent ad artem poeticam, quae etiam hodie a poetis Neolatinis colitur. Qua de causa etiam hae acroases utiles sunt et poetis et philologis, qui carminibus Neolatinis recentissimis student.

His igitur commota causis expergefeci alaudas! — "Sed dic mihi per omnes deos", inquit *Elvira Buszewicz Cracoviensis*, "cur iam noctibus (sc. Neolatinis) subvolant alaudae ululis similes?" — "Quia depellunt alaudae", ei respondi, "noctes et subducunt diem splendidum Latinitatis moribundae!" Scimus videlicet ambae titulum "Noctium Neolatinarum" deductum esse a "Noctibus Atticis" Gellii, qui collegit textus de variis rebus, quae noctibus fictis disceptatae sunt; sed tamen facete dictum ab Elvira inventum praeterire nolui.

Priusquam autem philologi et poetae congressi sunt quasi virtualiter in hoc periodico, realiter convenerunt me invitante in sanctuarium sancti Hyacinthi Poloni apud Magnum Lapidem (Kamień Śląski/ Groß Stein, in Silesia, qua de causa mutavi nomen meum "Elissae" in "Elysiam") ad officinam poeticam agendam. Quod quidem mihi videtur esse aliquid singulare, quod poetae philologos invitaverunt; saepe fit rursus, ut philologi poetas invitent ad recitanda carmina. Et ibi in castello pulcherrimo remoto factum est commercium inter philologos et poetas, alter alterum animadvertit, poetae carmina ad philologos et ad poetas alios scripserunt imitantes genera antiqua carminum, e.g. genethliaca, epithalamia, sympotica etc., quibus carminibus alloqui solent poetae personas quasdam nec sensus et affectus animae tantum propriae describunt.

Exoptandum est, ut et philologi aliquando commentarios de carminibus horum poetarum conficiant saepius futuris.

Pauci ex multis fructibus huius officinae poeticae nunc collecti prostant in hoc primo fasciculo "Alaudarum", ut impellant et philologos et poetas ad provehendam artem poeticam Neolatinam et ut delectetur communio Latina ubicumque gentium et nationum.

Ergo partim secuta sum *Carolum Henricum Ulrichs*, partim autem peculiare propositum exegi. Propterea non antepono "Alaudis" illud carmen dedicatorium (XIII stropharum Sapphicarum!)[1] primae seriei "Alaudarum", quod pepigit Ulrichs et innexuit ephemeridi. Duos modo versus laudo:

Atque sub dio volitate. Saevi
Vulturis curvum caveatis unguem;

Quibus versibus *Ulrichs* descripsit timorem suum, ne recensor rueret in "Alaudas" neque eas dilaceraret. Quis est, quin timeat recensorem severiorem!

Sed ego carmen brevius et recentius et simul vetustius, nempe rhythmicum more mediaevali factum antepono huic fasciculo "Alaudarum", carmen pietate et humilitate plenum, quod composuit *Fidelis Rädle*, qui non imitatur *Horatium* nimis serviliter (ut videtur cecinisse *Carolus Henricus Ulrichs*), sed continuans artem mediaevalem tamen servat ingenium sui proprium, quod exemplum sit imitandum aetatis nostrae poetis.

Gratias denique dico tam fundationi "Pegasus limited" imprimisque *Rhodae Schnur* Maecenati liberalissimae quam editoribus seriei, qui inscribitur "Noctes Neolatinae", *Carolo Augusto Neuhausen* et *Marco Laureys*, qui cooperante naviter *Astride Steiner–Weber* alaudis vagantibus dederunt nidulum.

Anna Elissa Radke — Marburg

---

[1] Si quis legere vult hoc carmen, inveniet id in posteriore ea parte, quae spectat ad poetas Neolatinos recentiores, p. 97s.

Conspectus rerum

I. Vorträge über neulateinische Autoren / Acroases de poetis recentioribus Latinis

Angelus Camillus Decembrio quomodo inter varias observationes demonstret substantiva officio poetico epithetorum fungi posse

ALFONS WEISCHE

Angelus Camillus Decembrio, humanista Mediolani natus,[1] medio saeculo quinto decimo magnum opus confecit, quo litteras Latinas tum renascentes polire voluit. Ideo fructui studiorum suorum dedit titulum: "De politia litteraria". Est dialogus, in quo partes magistrales Leonello, principi Ferrariensi, attribuit. Certe ad hunc principem opus mittere voluit. Sed ille ante mortuus est, quam dedicatione delectaretur. Angelus autem Camillus totum opus diligentissime perlegit, multa mutavit, locum, quo invectus erat in fratrem Petrum candidum,[2] delevit; opus hac ratione pulchrius factum Pio II, Summo Pontifici, dedicavit. Fortuna hominibus doctis laborem cum gaudio attulit, cum illas duas versiones servandas curavit, priorem in codice ab ipso auctore scripto,[3] posteriorem in editione Augustana, quae — proh dolor — erroribus abundat. Eam editor Basileensis, vir ingeniosus et sermonis Latini peritissimus, cognovit et textum a perniciosis vel ridiculis mendis liberatum prelo iterum dedit. Sua scientia nisus constituit textum, qui Angelum Camillum multifariam decuit.[4] Sed quid Angelus Camillus nos legere voluit? Certe multas coniecturas editoris Basileensis laudavisset, qui textum editionis Augustanae ita correxit, ut permultis locis verba, quae auctor in codice scripserat, inveniret. Ab anno autem praeterito in editione, quam Norbert Witten, cum praeter munus gram-

---

[1] De vita et operibus cf. Witten 7–10.

[2] De inimicitiis, quae ab anno 1441 inter hos fratres exortae numquam exstinctae sunt, cf. Witten 20–23. Quae viri docti conscripserunt de vita Petri Candidi, indicata sunt a Sonja Eckmann 56 n. 7. Ipsa supplementum Aeneidos, quod Petrus Candidus, cum adulescens viginti annorum esset, conscribere ausus erat, tractavit, illos 89 versus, qui servati sunt, edidit, eos copiose et subtiliter explicavit. — Zabughin 1921, vol. I, p. 335 (2000 p. 281): "Pier Candido Decembrio 'cadde in via', senza portare a destinazione l'ingrata 'soma' che il fratello Angelo chiamavera anche *superflua*, ma il giovane Vegio, anima vergiliana, … condusse tranquillamente a termine la fatica, e diede alla luce un *supplementum* in piena regola al libro XII dell' 'Eneide'" — Quicumque cupiunt ad Aeneida aliquid addere, vituperantur polit. 1,11,4–17. Argumenta nituntur arte poetica Vergilii, quem Angelus Camillus etiam in dispositione narrationis "absolutionem perfectionemque" (Cic. De or. 1,130) adeptum esse existimavit.

[3] Est codex Vat. Lat. 1794. Cf. Witten 11–12; ibi referuntur etiam studia eorum, qui codicem descripserunt.

[4] De origine et historia textus cf. Witten 11–26. Editio eius multis ex partibus est maxima laude digna. Quod capitula partim longissima in paragraphos divisit, non inter minima merita numerandum est.

matici gymnasialis hos labores suscepisset, feliciter confecit, ubique cognoscere possumus, quid Angelus Camillus in priore versione (V) sua manu scripserit, quid in posteriore versione Summo Pontifici proponi et in publicum prodire voluerit. Quicumque id studebit, ut has versiones comparet, omnia parata inveniet in hac editione. Sed ipse textum constituit, qui utraque versione nititur. Haec ratio profecto non esset laudanda, si editio Augustana non esset turpissima. Secutus est ergo Witten priorem versionem (V), ubicumque fieri potuit. In illa priore forma textus cogitatio atque elocutio Angeli Camilli fortitudine et recenti quodam robore elucent. In posteriore autem versione manifestum est eum in annos vel etiam in menses multa didicisse, ut et stilo elegantiore uteretur et lectori studium facilius redderet. Cum posteriorem formam textus restituere difficillimum sit, putamus Norbertum Witten recte egisse. Licet ergo nobis existimare verba in textu posita cum voluntate auctoris, quantum fieri possit, congruere. Nunc Angelus Camillus fortasse et patrem et fratrem si non gloria adaequare, sed certe propius ad eos accedere poterit.

Quamquam Witten in introductione editionis capitulo 4.3 (p. 100–107), quod inscribitur "Verstechnik und Dichtkunst", doctrinam poeticam Angeli Camilli tractavit, tamen spero me quasdam observationes ita expositurum esse, ut homines docti paratiores exsistant ad discendum, quid Angelus Camillus in hac re docuerit.

Praemittere autem volo pauca, quae ad constitutionem textus et explicationem spectant. In 6,68,22 interpunctiones ita mutandae sunt, ut semicolon scribatur post "aurea coma"; post "excudissem" autem est comma ponendum. Sic legendum esse puto: (Tito Strozzi loquitur) "Et ego non ex Romanorum antiquis monumentis, sed ex Ferrariensium puellarum novis insignibus vultum habeo virginis, minima compactum in pyxide, aurea coma; pro cuius nuper interitu cum lacrymabile carmen excudissem, hoc quoque teneo perpetuae dulcisque memoriae, in quo nihil videtur praeter vocem deesse." Ita duae periodi exsistunt, quarum prior clare finitur ablativo qualitatis, in altera vox "quoque" post "hoc" angustius coniungit "hoc [...] testimonium" (= "vultum [...] virginis, minima compactum in pyxide") cum sermone "lacrymabile carmen", qui est in sententia ex coniunctione 'cum' incipiente. Sententiae, quae ex voce ,cum' incipiunt, semper fere ante sententias principales ponuntur.

In 6,69,1 (linea 17) oportet sequi V, ut "scire" (AB) post "se" deleatur. Legamus ergo: "Quibus partibus non contentus se quoque demonstrabat in poesi et oratoria promptissimum." Si auctor sensum logica perspicuitate expressisset, "quoque" post "poesi" aut post "oratoria" posuisset. Sed magis dilexit ordinem verborum ex antiquissima aetate traditum,[5] in quo vocabula enclitica secundum locum in sententia obtinere solent. Post pausam, quae inter "contentus" et "se" manifesta est, "se", qui accusativus hic non est minimi momenti, initium est phraseos. In Latino sermone 'quoque' non aliter atque 'auch' in lingua Theodisca cum quadam neglegentia, quae saepe rhythmi causa excusari potest, loco non proprio ponitur.

In 6,69,15 (linea 15) post "id genus" ponendum est "spectes" (AB).

In 6,69,15 (linea 17) "oportere" delemus editionem Basileensem secuti, quamquam et in V et in A post Gerundivum "ligandum" apparet. Secundum regulam syntacticam pro Infinitivo 'oportet' hic aptum esset. Sed Angelus Camillus certe noluit se consortem esse scriptorum antiquitatis exeuntis, qui cum Gerundivo coniungunt 'oportere' vel 'debere' vel horum synonyma (cf. H.–Sz. 374 in fine paragraphi 201). Editor Basileensis verba auctoris ipsius coniectura corrigens talem sententiam constituit, qualem humanista maxime politus in publicum prodire voluisset.

In 6,69,23 (linea 10) legendum est "omnia" (AB).

Est in 6,69,17 sententia de fine epigrammatis Germanici:[6] "Et satis antique loquitur ac tragice" Sensus vocis "antique" non est "altertümlich" (Witten 101), sed significans 'würdig', id est 'cum gravitate, quae antiquos decet' idem fere dicit atque proxima verba "cum sententiarum gravitate". Verbum "tragice" indicat ornatum figuris rhetoricis procreatum; spectat ad elocutionem, quae propria est tragoediarum. Ita Cicero (Brutus 43) scripsit: (rerum scriptores) "hanc enim mortem (= Coriolani) rhetorice et tragice ornare potuerunt, illa mors (= Themistoclis) vulgaris nullam praebebat materiam ad ornatum." Ad unum fere sensum exprimendum adverbia "rhetorice et tragice" coniuncta sunt. Quamvis laudabiles sint laborum fructus, quos Norbertus Witten in textu constituto praebet, tamen puto esse in eius editione non pauca, quae emendari possint. Homines docti excitentur et varietate materiae et singulari occasione comparandi duas versiones ab auctore factas. Alliciantur etiam ingenio Angeli Camilli, quod in permultis sententiis eluceat. Praeterea delectabuntur admirabili eloquentia. Latinitas enim ipsius talis est, ut credas eum cum tanta assiduitate poetas et oratores antiquos legisse, ut eorum familiaris amicus haberetur. Laudanda est imprimis perspicuitas sermonis; ordinem enim verborum ita format, ut lector sensum facile arripiat. Pondera vocum sine difficulta-

---

[5] Est 'Wackernagels Gesetz', cui Angelus Camillus antiqua exemplaria secutus passim obtemperavit.

[6] Poetae Latini minores IV (ed. Emil Baehrens, Leipzig 1882), 109 (= Germanicus), 111 (= epigramma, cuius prima verba sunt "Thrax puer"). Versus Germanici et aliorum poetarum hic ita afferuntur, ut Angelus Camillus eos praebet.

te sentimus. Cum vocibus maioris momenti clariora loca adsignet, structura sententiae fit imago cogitationis. Ex altera parte vocabula minus gravia inter illas voces vel post eas ita ponit, ut animus lectoris in iis non haereat, sed ad graviora currat.[7] Hanc elegantiam saepe adipiscitur traiectione (Rhet. Her.) sive transgressione (Quint. inst.). Transgressione saepe efficitur, ut verbum regens, cum in sensu exprimendo minoris momenti esse soleat, locum humilem occupet.[8]

In capitulo 6,69[9] nobilis hospes Hispanus recitat epigramma Germanici, quod incipit verbis "Thrax puer" Sed "in versuum recitatione non satis concinna" se praebet "metricae varietatis imperitum" (§ 2). Hispani enim solent "ne soluta quidem oratione accentuum et orthographiae rationem observare" Ex hac excusatione vel vituperatione intellegere possumus, quid 'metrica varietas' significet. Est varia dispositio accentuum in singulis versibus. Locus autem accentus definitur quantitate syllabae paenultimae. Si quis, quae sint quantitates syllabarum, nescit, in vocibus longioribus accentum recte ponere non potest. Conceptum "metricae varietatis" alia ratione definire difficillimum putamus esse. Ictibus usque ad saeculum septimum decimum homines non utebantur.[10] Sed quid de differentia quantitatum? Iam inde a saeculo tertio p. Chr. n. in sermone cottidiano in multis vocabulis atque in compluribus formis declinationum et coniugationum quantitates syllabarum non audiebantur. Apud grammaticum discere oportebat,[11] quae syllabae producerentur aut corriperentur. In antiquitate certe conati sunt homines docti ea, quae didicerant, in recitatione versuum adhibere. Etiam in hac re mores antiquos imitari studuerunt ii, qui aetate renascentium litterarum politiores esse voluerunt quam homines medii aevi. Sed multo maior difficultas eis superanda erat quam discipulis antiquis, cum in linguis Neolatinis ex differentia quantitatum

---

[7] Proprietate linguarum antiquarum — cf. Henri Weil — felicissime usus illas duas formas ordinis verborum ab Elise Richter descriptas, quarum altera appellatur "hörerfreundlich" ('auditori facilis'), altera "affektisch" ('affectus excitans'), saepe in eadem sententia coniunxit. Si quis in eius arte oratoria explananda theoriam, quam Vilém Mathesius in disciplina linguistica propagavit ('Funktionale Satzperspektive'), adhibuerit, sollertiam et elegantiam auctoris apte poterit illustrare.

[8] Cf. De Foucault. Demonstrat quosdam auctores hoc artificio tantopere assuetos esse, ut transgressio verbi regentis nihil de ponderibus vocum in structura sententiae indicaret. Sed Angelus Camillus, quamquam saepe hoc artificio utitur, nusquam in hac re meram consuetudinem secutus est.

[9] Hoc capitulo de nulla fere re nisi de arte poetica agitur. Aliae observationes dispersae sunt per totum opus, imprimis in capitulis 1,3; 1,8; 1,11; 2,12; 2,13; 2,23; 3,90; 5,57; 5,58; 5,62; 5,64; 6,66.

[10] Cf. Stroh 1979, 9; idem 1990; Luque Moreno 1994.

[11] Cf. Bonioli 4 (de differentia quantitatum coniuncta cum differentia soni ('timbre')); Weiner; Leonhardt passim; Pascual Barea; Witten 52, n. 5; 114–5.

non exsistat distinctio phonologica. Ideo licet existimare eorum admirationem carminum Latinorum non tantum auditu nixam esse, sed etiam visu versuum in codice scriptorum adiutam.[12] Ut homines artis musicae periti et gaudent, cum cantant vel instrumentis ludunt aut musicam audiunt, et delectantur, cum notas compositionis legunt, ita in arte metrica cognoscenda atque adhibenda et auribus et oculis structurae praesto erant. Non tantum ad illam rem demonstrandam haec comparatio valet, sed nos etiam admonet de facultate generali hominum, qua praediti ingentem numerum dispositionum percipere et memoria tenere possunt.[13] Si haec non obliviscimur, suspicari possumus, quantum gaudium 'varietas metrica' Angelo Camillo et amicis eius comparare potuerit.

Claritas auctorum Romanorum paululum offuscata esset, si "exemplaria Graeca" maiore admiratione digna essent. Sed Angelus Camillus imprimis Vergilium cum Homero comparans quandam sermonis Graeci proprietatem tractavit, quam minus aptam ad poesim pulcherrimam faciendam existimet. Graecis enim est ingens copia 'adverbiorum', quibus "abutuntur" (§5); ideo sunt "minus elegantes". In conceptu 'adverbiorum' inclusa sunt vocabula, quae "Abtönungspartikel" appellantur. Graeci eis usque ad aetatem Alexandri Magni libentissime uti soliti sunt, quod etiam hac ratione emphasis effici poterat[14]. Inter linguas hodiernas unus sermo Theodiscus copiam vocabulorum huiusmodi habet, qua tantum ii facile utuntur, qui a pueris Theodisce locuti sunt. At nostri poetae ea semper fere spernunt. Nam sicut Graecis illius aetatis, quae 'hellenistica' nominatur, licuit vi accentus augenda emphasim procreare, ita nos varietate pronuntiationis diversa pondera vocum indicare possumus.

Cum hac doctrina coniunctum est ab Angelo Camillo praeceptum, quo poetae monentur, ne vocabulis utantur, quae solutam orationem redoleant (§9): "Proinde superflua quaeque procul abicienda; quae non metrum tantummodo deformant, sed etiam turpem reddunt et quasi sylvestrem ac dumosam faciunt orationem, ut *quippe, quidem, nempe, quod.*" Hic in metaphora "sylvestrem ac dumosam" auctor nobis imaginem camporum ante oculos ponit, quales illo tempore erant. Oportet enim nos meminisse vocabulum, quod est 'silva', usque ad saeculum duodevicesimum p. Chr. n.[15] saepissime non illa "stabula

---

[12] Cf. Morin 164 ("les images *visuelles écrites*").

[13] Morin (164, n. 4) refert, quod investigationes huius aetatis demonstrant: homo potest discere "rapidement et à tout âge des régularités purement formelles et très complexes, tant sonores que visuelles". Hoc multum adiuvat hominem, ut crescat in animo sensus pulchritudinis, i.e. ut exsistat "le developpement du sens esthétique".

[14] Cf. J.J. Fraenkel, praecipue 199–201.

[15] Cf. Ellenberg 31–38. Witten (104) silvae historiam neglegens dicit carmen mendis ab Angelo Camillo descriptis fieri posse "zu einem unkultivierten Wald voller Gestrüpp".

alta ferarum" (Verg. Aen. 6, 179) significare, sed loca, in quibus arbores rarae, plura arbusta, gramina cum herbis inveniantur. Ibi rubi et iuniperi, quibus caprae et oves non vescuntur, magna spatia occupabant. Cum his arbustis metaphorice comparantur ab Angelo Camillo ea verba, quae Bertil Axelson appellavit "Unpoetische Wörter" ('vocabula ad poesim non apta').[16] Poeta, cum abhorret ab usu sermonum huius modi, servat splendorem earum vocum, quae nucleum sensus exprimentes sua luce lucent.

Etiam attentione animi digna sunt, quae Angelus Camillus de divisione versuum docet (§17). Incipit ex sententia: (versus) "saltem dimidiatos esse decet" Explicat quosdam versus, in quibus ea divisio eodem loco invenitur atque caesura. Sed id ei non observandum videtur fuisse. Adfert enim versus quoque, qui secundum sensum aliis locis dividuntur, velut Verg. ecl. 7,51–2

Hic tantum Boreae curamus frigora, quantum
aut numerum lupus aut torrentia flumina ripas.

In priore versu pausa est ante "quantum", in posteriore post "lupus". De caesuris autem nusquam in hoc capitulo loquitur nisi in periodo finali orationis Leonelli (§35). Is nos iubet "frequenti auctorum tractatione" artem poeticam discere. In praeteritione commemorat inter res minoris momenti "omnes pentimemeris et heptimemeris locos atque caesuras". Praecepta de his rebus tradita in scholis tractabantur, sed "parum admodum proficiet illa theoricalis quaedam et ludorum magistri demonstratio ad priscorum carminum aemulationem". Quae Angelus Camillus didicerat, certe spectabant tantum ad fines verborum quibusdam locis versus observandos.[17] Cum versus sine ictu recitarentur, caesura illa aetate non eodem modo in structura versuum manifesta erat atque eis, qui syllabam, quae est ante caesuram 'masculinam', ictu extollunt. Angelus autem Camillus neque tum caesurarum mentionem facit, cum exordium Aeneidos colometrice, ut ita dicam, explicat (§18). Demonstrat Vergilium exordium ita formavisse, ut is locus "per intersectiones venustior" esset, "quasi per exiguos prius gravioris alitis saltus ad altiora paulatim evolando sublevetur". Non apparent hic verba in arte rhetorica usitata velut 'incisio' (= comma) aut 'membrum' (= colon). Compositionem exordii Aeneidos, in quo lector per breviora membra ad longiora ducitur, ita laudat, ut moneat versifica-

[16] Cf. Axelson passim; Tränkle 15–16; Maurach 1995, 70–72; Tränkle 145, n. 1, agit de verbis 'ergo', 'igitur' et de eorum synonymis.

[17] Cum hac doctrina congruunt, quae in Officina Poetica Opoliensi dixit Karin Zeleny, Musarum deliciae viridi adulescentia. — Évrard (117, praecipue n. 2) fortasse studiis de aetate renascentium litterarum factis adductus est, ut generaliter caesuram ita describendam esse putet. Sed maximi mihi momenti esse videntur ea, quae Luque Moreno (1999) antiquos auctores subtiliter interpretatus docuerit: Manifestum est antiquis temporibus colometriam ex arte rhetorica exortam cum doctrina metrica, qua de caesuris agitur, coniunctam esse.

tores, ne nimis saepe talem structuram procreent: "Id autem intersecti carminis genus et venustum in primis graveque reputavimus ac coronarum more florigerum et redolens, si rarum intervenerit." In eadem paragrapho a divisione, quae est in uno quoque versu, transit ad sententiae divisionem, quae in coniunctione versuum collocata est. Quamquam etiam Verg. ecl. 7,51–2 partes unius sententiae in duos distributae sunt versus, tamen hanc rem illustrat clarius Verg. georg. 3,352–3, ubi poeta de regionibus frigidis dicit:

illic clausa tenent stabulis armenta, neque ullae
aut herbae campo apparent aut arbore frondes.

Vergilius "festivius utrunque carmen (= versum) exposuit huius veluti caudae alterius capitis facta copulatione".[18] Ad hanc pulchritudinem efficiendam oportet in priore versu attributum ponere, substantivum in posteriore, aut vice versa. "Interludunt enim ... versibus epitheta, praecedentia modo, modo sequentia, delphinorum instar inter undas eluctantium." In hac ratione structurae explicandae et versuum singulorum et eorum coniunctionis cognoscimus quandam separationem ab arte versificatoria medii aevi. Nulla enim petitur congruentia sonorum vel inter fines versuum vel inter fines et caesuras. Angelus Camillus contemnit artificia huius modi tantopere, ut dicat "epigramma metricum ... nec ita ligandum puerili sermonum consonantia, cuiusmodi legi solet a magistris de grammaticae praeceptionibus Alexandri" (§ 14).[19] Ideo duos versus Vergilii comparans meliorem putat esse Aen. 8, 596

quadrupedante putrem sonitu quatit ungula campum

quam Aen. 11, 875

quadrupedumque putrem sonitu quatit ungula campum.

Versum enim tum pulcherrimum esse putat, "cum ita variae sint epithetorum subiectorumque voces et regentium verborum, ut nullius desinentia sermonis alterius terminationi conformetur". Ita verba in versu coniuncta "circunquaque diversivoca resultante modulatione, ut in fidibus et avium vocibus, dulcissimam efficiunt symphoniam". Si haec forma exsistit, carmen excellit, at non

[18] Si in Officina Poetica Opoliensi Francogallice disputavissem, — ut suavi voce et stilo eleganti fecit Elwira Buszewicz —, mihi uti licuisset vocabulis 'enjambement', 'rejet', 'contre–rejet' sive 'suspension', quae verba in arte poetica Francogallica saeculi sexti decimi significatione speciali affecta in communem sermonem grammaticorum recepta et ab eis subtilius definita sunt.

[19] Commemoratur hic illud celeberrimum "Doctrinale" quod Alexander de Villa Dei (1199) conscripsit; cf. Leonhardt 212 (A 4.9). Quam multa viri docti aetatis renascentium litterarum ex libris metricis medii aevi hauserint, Leonhardt (19–20) copiose demonstrat. Angelus Camillus in hoc capitulo praeter Alexandrum nullum scriptorem artis metricae nominat. Hoc praecipue mirum est in ea doctrina, qua 'versus aureus' laudatur.

"quod totum dactylicis praeter caudam constet pedibus". Dignus ergo laude non est poeta, quod difficultatem superet, qua lingua Latina, cum syllabae breves ad dactylos faciendos non facile congregentur, differat a Graeca. Angelus Camillus versus hoc modo considerans ad antiquitatem quam proximam accedere vult. Doctrinae autem mediaevali adsentitur, cum 'versus aureus',[20] quem non hoc nomine appellat, ei optimus videtur esse. Praebet definitionem laudans versum, "in quo duo versantur epitheta duoque subiecta (= substantiva) consortia uno dumtaxat regente verbo" (§ 5). Paucis ante confessus erat: "illud optimum genus carminis censeo, in quo frequentissima texuntur epitheta, quae nos adiectiva dicimus". Etiam in hac expositione neglegit caesuras, quae in doctrina, quam de epithetis philologi elaboraverunt saeculo vicesimo,[21] maximi sunt momenti. Quamquam hi philologi operibus suis nos ad poesim Romanorum — praesertim Catulli et eorum, qui post eum fuerunt, — subtilius cognoscendam adduxerunt, tamen dulce et utile est legere, quae Angelus Camillus protulit vera admiratione et delectatione artis poeticae elatus.[22]

Nunc propero ad illam observationem Angeli Camilli, quae attenta cognitione et summa admiratione digna sit. Vidit in structura versuum fieri posse, ut substantiva officio talium attributorum fungerentur, quales picturam in versibus nobis ante oculos positam absolutam et perfectam facerent. Hoc modo explanavit epigrammatis initium:

Thrax puer astricto glacie cum luderet Hebro,
frigore concretas pondere rupit aquas.

Scribit Angelus Camillus (6,69,10): "*Thrax puer* in primo versu et *astricto Hebro* ratione praedicta (i.e. ex doctrina de epithetis proposita) bellissime copulantur. Eiusdem canoris est insequens, nam *frigore* et *pondere*, quamvis alias ambo supposita (=substantiva) forent, hoc in loco tamen sic apte uti *concretas aquas* epitheto mixta cernuntur in utroque versu *luderet* ac *rupit* verbis interregentibus. Tanta adeo vocum consonantia seu binaria vocum dispositio saepe convenit, ut pro adiectis et suppositis pariter audiantur." Angelus ergo Camillus dicit *frigore* eodem modo sensum lectoris afficere, tamquam si adiectivum 'frigidus' legat. Idem valet de *pondere*: hunc sermonem audientes 'corpus grave' ante oculos habemus. Simili modo atque in primo versu „luderet" hic verbum regens "rupit" positum est inter substantivum, quod etiam officio adiectivi fungitur, et substantivum in fine versus constitutum. Addamus cogitationem ex significatione illorum substantivorum sumptam: 'frigus' et 'pondus' sunt nomina

[20] De historia 'versus aurei' in versificatione et in theoria cf. Enríquez López.
[21] Cf. Norden 391–398; Marouzeau 1922, 117; 1953, 11–12; Patzer, praecipue 78–83 in explicatione Catulli carminis 64, 1–10; Pearce.
[22] Audiamus Pascal, Pensées 50: "Les sens recoivent des paroles leur dignité, au lieu de la leur donner."

qualitatis aut eorum similia; si 'aer' est 'frigidus', de 'frigore' eius loqui possumus; si corpus velut in trutina grave apparet, 'pondere' praeditum est. Nomina qualitatis sunt similia adiectivorum; in sententiarum serie id, quod in priore sententia adiectivo significatum est, in posteriore repeti potest nomine qualitatis.

Liceat nobis id, quod Angelus Camillus nos docet, cum consideratione casus grammaticalis coniungere. Non fortuito fit et hic et permultis locis, ut illa substantiva nobis occurrant in forma Ablativi Instrumentalis. Id cognovit etiam Angelus Camillus; nam in § 12 scribit: "si collatis in uno versu duobus utrimque substantivis et adiectivis suo cum regente verbo quempiam interfectum ita ostendero, ut substantivum aliud interseri facillimum sit, quale est *ferro, telo, hasta, gladio, igni,* idem quoque pulcherrimum carmen ac ex omni parte rotundum et copiosum appellabitur, uti nunc est" Thrax puer astricto glacie dum luderet Hebro "*glacie* superante." Hic nobis in mentem venit in omnibus fere declinationibus — tertia partim excepta — Ablativum vocalitate (Quint. inst.) seu sonoritate (Priscianus) excellere. Cum raro opus sit Separativo aut Locativo, intellegendus est Ablativus semper fere sensu Instrumentali. Hunc casum maxime aptum fuisse ad rem quasi pictam nobis monstrandam docuit Erik Wistrand.[23] Haec vis exoritur ex significatione ipsius formae grammaticalis; hunc usum Romani, imprimis poetae, ex temporibus antiquissimis traditum servaverunt. Splendor vocis in casu Instrumentali apparentis ea quoque de causa lucet, quod sine praepositione posita potius animi oculis imaginem praebet, quam cogitationi structuram logicam, quae praepositione significetur, aperiat.

Illa sententia, in qua de rebus mortiferis agitur, inclusa est in cogitatione subtili de voce "glacie" (v.1 epigrammatis Germanici). Videtur haec vox "abundare" propter "frigore concretas … aquas" (v.2). Versus autem primus, "si cum *glacie frigida* vel *rigida* pariter sociari potuisset" versus "exuberantius" formatus esset, "nimirum praestantius et copiosius". Sed etiam sine attributo "glacie" est "ad venustatem … positum" (6,69,12).

In § 10 thesim de pulchritudine poetica quorundam substantivorum, quae "saepe" apparet, etiam versibus Vergilii (georg. 1,208–209) illustraverat:

> *Libra die somnique pares cum fecerit horas,*
> *Et medium luci atque umbris iam dividit orbem.*

Hic "tanta adeo vocum consonantia sive binaria vocum dispositio" exsistit, ut substantiva etiam officio adiectivorum fungantur.[24] Quae Angelus Camillus hic

---

[23] Cf. etiam Hofmann–Szantyr 115–6; Moreux; Weische.

[24] Finis paragraphi 12 difficilis intellectu est. Ideo editor Basileensis maxima libertate usus id scripsit, quod auctorem cogitavisse putavit. Recte egit Witten, cum in textu posuit verba

de coniunctione et ordine verborum dicit, nos excitare possunt, ut quaeramus, soleantne positae esse voces huiusmodi locis in versu insignibus, velut initio aut ante caesuram.

In § 27 vituperat auctor versus, in quibus "offendunt sane tum syllabae pares, tum desinentiae consimillimae". Hoc periculum vitari potest usu substantivorum, quae rem nobis sicut epitheta ante oculos ponant. Dicit ergo: "At illi profecto meliores, cuiusmodi:

Tityrus et fruges Aeneiaque arma legentur,
Roma triumphati dum caput orbis erit.

In quibus seu *Tityrus* sive *fruges* epitheton fere repraesentant, ut de *frigore* et *pondere* modo dictum. Tanta nonnunquam est duorum substantivorum auctoritas." Pulchritudo ergo poetica horum versuum (Ov. Am. 1,15,25–26) ex coniunctione substantivorum exsistit: alterum altero nititur, ut splendore ex hac societate exorto efficiant picturam venustam.

In structura sententiae Genetivus possessivus eodem fere officio fungi potest atque Attributum adiectivum. Id confirmant versus Vergilii (georg. 3, 358–9), quos Angelus Camillus (polit. 6,69,29) adfert, cum de "repetita interdum coloratione" agit, quae "bellissima" esse potest:

(Sol) nec cum vectus equis altum petit aethera, nec cum
praecipitem oceani rubro lavat aequore currum.

Addit explicationem, quae est extra propositum huius paragraphi: "Hic autem ex praestantissimis versibus est, ut modo significavimus in versu *Thrax puer*, cum de sermone *glacie* non frustra superfluente diceremus: Sic in hoc versu *oceani* non inepte superfluit." Nobis autem ex natura casuum evidens est: si unum substantivum solum epitheto simile est, id in Genetivo aut Ablativo apparere decet. Etiam animadvertere licet et *glacie* et *oceani* loco insigni ante caesuram posita esse.

Si doctrinam de hac re ab Angelo Camillo prolatam via et ratione ordinatam demonstrare volumus, opus esse putamus hac serie argumentorum:

Genetivus (praecipue possessivus) apparet loco Attributi. Id illustrat Verg. georg. 3,359 (Sol) "praecipitem oceani rubro lavat aequore currum" (polit. 6,69,29).

---

prioris versionis: "In primo namque versu sic *diei somnique* ut *pares* et *horas* et in secundo *luci atque umbris* quemadmodum *medium* et *orbem* insinuant." Puto addendum esse post "*luci atque umbris*": 'ita sunt posita'. In quodam ergo sinu sunt "*luci atque umbris*" inter *medium* et *orbem*. In priore autem versu iubemur animadvertere phraseis pari fere esse syllabarum numero: *die somnique* et ex altera parte "*pares ... horas*".

Ablativus Instrumentalis sua ipsius plena significatione (necnon sonoritate) picturam procreat vel exornat. Id illustrant versus polit. 6,69,10 et 12 explanati, imprimis Germanici epigrammatis v. 2 "Frigore concretas pondere rupit aquas."

Ceteri casus velut Nominativus (praesertim claris locis in versu positi), vivida vi vocum similem facultatem significandi et pingendi atque epitheta habere possunt. Id illustrat Ov. am. 1,15,25 "Tityrus et fruges Aeneiaque arma legentur" (polit. 6,69,27) et Verg. georg. 1,208–9 (polit. 6,69,10). Hic necessarium videtur esse duo substantiva coniungi, ut in officio poetico perficiendo alterum adiuvet alterum.

Bibliographia

Angelo Camillo Decembrio: De politia litteraria, kritisch herausgegeben sowie mit einer Einführung, mit Quellennachweisen und einem Registerteil versehen von Norbert Witten, München/Leipzig 2002 (Beiträge zur Altertumskunde 169, ursprünglich Diss. Münster 2002); cf. Marc Laureys, in: Neulateinisches Jahrbuch 6 (2004), 377–380.

Bertil Axelson: Unpoetische Wörter, Lund 1945.

Dominique Billy (ed.): Métriques du Moyen Âge et de la Renaissance, Paris/Montréal 1999 (Actes du colloque international du Centre d'Études Métriques, Nantes 1996).

Maria Bonioli: La pronuncia dell'Latino nelle scuole dall'Antichità al Rinascimento, Torino 1962.

Sonja Eckmann: Das Aeneis–Supplement des Pier Candido Decembrio — Die pessimistische "Stimme" der Aeneis? Neulateinisches Jahrbuch 4 (2002), 55–88.

Heinz Ellenberg: Vegetation Mitteleuropas und der Alpen in kausaler, dynamischer und historischer Sicht, Stuttgart 1963.

Serafín Enríquez López: El hexámetro áureo en la poesía latina, in: Luque Moreno–Díaz y Díaz 1999, vol. I, 327–340.

Étienne Évrard: Théorie et pratique de l'hexamètre au moyen âge, in: Billy 1999, 117–129.

Jules–Albert de Foucault: L'hyperbate du verbe, Revue de Philologie 38 (1964), 61–69.

J. J. Fraenkel: A question in connection with Greek particles, Mnemosyne 13 (1947), 183–201.

Jürgen Leonhardt: Dimensio syllabarum. Studien zur lateinischen Prosodie und Verslehre von der Spätantike bis zur frühen Renaissance, Göttingen 1989 (Hypomnemata 92, Dis.. München 1985).

Jesús Luque Moreno–Pedro Rafael Díaz y Díaz (eds.): Estudios de métrica latina, vol. I y II, Granada 1999.

Jesús Luque Moreno: Arsis, Thesis, Ictus: Las marcas del ritmo en la musica y en la métrica antiguas, Granada 1994.

id.: *Caesura–colon–melos–carmen*, in: Luque Moreno–Díaz y Díaz 1999, vol. II, 519–538.

Jules Marouzeau: L'ordre des mots dans la phrase latine, I: Les groupes nominaux, Paris 1922; L'ordre des mots en latin, volume complémentaire, Paris 1953.

Vilém Mathesius: On Linguistic Characterology with Illustrations from modern English, Actes du premier Congrès International de Linguistes, La Haye 1928, 56–63 (iterum in publicum editum in: J. Vachek: A Prague School Reader in Linguistics, Bloomington (Indiana University Press) 1964, 39–67).

Gregor Maurach: Enchiridion poeticum, Darmstadt 1983.

id.: Lateinische Dichtersprache, Darmstadt 1995.

B. Moreux: Le rôle des cas dans les tours prépositionnels en attique et en latin classique, Canadian Journal of Linguistics 14 (1968), 31–39.

Yves Charles Morin: L'hexamètre 'héroique' de Jean Antoine de Baif, in: Billy 1999, 163–184.

Eduard Norden: P. Vergilius Maro, Aeneis Buch VI, Leipzig ^{2}1915 (iterum Darmstadt 1957).

Blaise Pascal: Pensées de M. Pascal sur la réligion et sur quelques autres sujets, Paris 1669 (Éditions Garnier Frères, Paris 1960, "Texte de l'édition Brunschvicg").

Joaquín Pascual Barea: Algunas particularidades de prosodia y métrica latinas del Renacimiento, in: Luque Moreno–Díaz y Díaz 1999, vol. II, 747–766.

Harald Patzer: Zum Sprachstil des neoterischen Hexameters, Mus. Helv. 12 (1955), 77–95 (= Rolf Heine, ed.: Catull, WdF 308, Darmstadt 1975, 447–474; et: H. Patzer: Gesammelte Schriften, Stuttgart 1985, 106–123).

T. A. V. Pearce: The Enclosing Word Order in the Latin Hexameter, Classical Quarterly 16 (1966), 140–171; 298–320.

Elise Richter: Grundlinien der Wortstellungslehre, Zeitschrift für Romanische Philologie 40 (1920), 9–61.

Wilfried Stroh: Der deutsche Vers und die Lateinschule, Antike und Abendland 25 (1979), 1–19.

id.: Arsis und Thesis — oder: Wie hat man lateinische Verse gesprochen?, in: M. von Albrecht/W. Schubert (eds.): Musik und Dichtung: Neue Forschungsbeiträge Viktor Pöschl zum 80. Geburtstag gewidmet,

Frankfurt/M. u.a. 1990, 87–116 (= J. Leonhardt/G. Ott (Hrsg.): Wilfried Stroh, Apocrypha, Entlegene Schriften, Stuttgart 2000, 193–216).

Hermann Tränkle: Die Sprachkunst des Properz und die Tradition der lateinischen Dichtersprache, Wiesbaden 1960 (Hermes Einzelschriften 15).

Jakob Wackernagel: Über ein Gesetz der indogermanischen Wortstellung, Indogermanische Forschungen I (1892), 333–436 (= Kleine Schriften, Göttingen o.J., I, 1–104; Quae ad linguam Latinam attinent, sunt etiam in: Klaus Strunk (ed.), Probleme der Lateinischen Grammatik, Darmstadt 1973, W.d.F. 93, 388–408).

Henri Weil: De l'ordre des mots dans les langues anciennes comparées aux langues modernes, Paris [2]1869 (primum 1844).

Seth Joshua Weiner: Renaissance Prosodic Thought as a Branch of "Musica Speculativa", Diss. Princeton 1981.

Alfons Weische: Quomodo perspicuitas cum vi poetica in Lucretiano usu ablativi coniuncta sit, in: Jesús Luque Moreno–Pedro Rafael Díaz y Díaz, vol. II, 963–973.

Erik Wistrand: Der Instrumentalis als Kasus der Anschauung im Lateinischen, Göteborg 1941.

Vladimiro Zabughin: Vergilio nel Rinascimento Italiano da Dante a Torquato Tasso, vol. I: Il Trecento ed il Quattrocento, Bologna 1921; vol. II: Il Cinquecento, Bologna 1923; iterum edita: A cura di Stefano Carrai ed. Alberto Cavarzere, Trento 2000.

De Pontani Uraniae prooemio

WOLFGANG HÜBNER

Carmina didascalica aetate renascentium litterarum maxime floruere, quia scientiam naturalem coniungunt cum verborum pulchritudine. Inde a saeculo quinto decimo usque ad saeculum duodevicesimum numerantur non minus quam CLX carmina, quae *apogaeum* attigerunt intra annos 1490–1530.[1] Quae inter numerosa opera didascalica primi sunt[2] et excellunt carmina caelo stellato dedicata, quia haec materia imprimis concelebrat pulchritudinem ordinis universalis, perlustrant enim haec carmina totum mundum.[3] Meminisse oportet illis temporibus astrologiam floruisse et viguisse necnon acerrime de ea disputatum esse; satis habeo nominare Marsilium Ficinum, Picum de Mirandola, Hieronymum Savonarolam dominicanum, propter hanc doctrinam miserrime damnatum et igne combustum.

Quae opera didascalica astrologica strenue tractavit Benedictus Soldati vir doctus italus, Ioannis Pontani carminum editor.[4] Demonstravit extitisse in Italia tres stellarum cantatores principes: Basinium Parmensem, Laurentium Bonincontrium, Ioannem Iovianum Pontanum. Basinius, poeta aulicus Sigismundi Malatestae, valde adamabat poetas Graecos, Homerum et Apollonium Rhodium, etiam ipse carmina heroica composuit, priusquam conscriberet *Astronomica*, quae sunt, licet Aratum imitentur, minus elegantia. Divisit Basinius Arati *Phaenomena* antiquos commentatores secutus in duas partes, quas in binos libros digessit: primum res caelestes (graece τὰ οὐράνια), deinde res sublimiores (graece τὰ μετέωρα), idest phaenomena mutationi subiecta et mortalia, quae in aëre appareant supra terram, infra sphaeram lunarem. Addidit ad sphaeram stellarum fixarum planetas, quos Aratus plane omisit (praetendens se res difficiliores cantare non posse), addidit ima in terra geographiam, quam

---

[1] H. Hofmann, Neulateinische Literatur: Aufgaben und Perspektiven, Neulateinisches Jahrbuch 2 (2000), 57–97, speciatim 90 cum n. 172.

[2] W. Ludwig, Neulateinische Lehrgedichte und Vergils *Georgica*, in: From Wolfram and Petrarch to Goethe and Grass. Studies in Literature in Honour of L. Forster, Baden-Baden 1982, 151–180, reimpressum in: W. L., Litterae Neolatinae. Schriften zur neulateinischen Literatur, edd. L. Braun, W.-W. Ehlers, P. G. Schmidt, B. Seidensticker, München 1989, 100–127, speciatim 101sq.

[3] E. Zinn, Die Dichter des alten Rom und die Anfänge des Weltgedichts, Antike und Abendland 5 (1956), 7–26, reimpressum in: Römertum, ed. H. Oppermann, Darmstadt 1962 ([3]1970), 155–187, denuo in: Viva Vox. Römische Klassik und deutsche Dichtung, ed. M. v. Albrecht, Frankfurt, al. 1994 (Studien zur klassischen Philologie. 80), 123–148.

[4] Joannis Joviani Pontani Carmina, Testo fondato sulle stampe originali e riveduto sugli autografi, introduzione bibliografica ed appendice di poesie inedite, a cura di Benedetto Soldati, Firenze 1902. B. Soldati, La poesia astrologica nel Quattrocento, Firenze 1906 (reimpressum ibidem 1986).

hausit ex opere auctoris Latini saeculi quarti vel quinti, e libro sexto Martiani Capellae de arte geometrica conscripto, qui liber artem geometricam coniungit cum geographia, Varronem scilicet secutus auctorem.

Duo poetae amici qui sequuntur non iam Aratum Graecum imitantur, sed — praeter Vergili *Georgica*, quod poetae renascentium litterarum carmen optimum atque absolutum esse iudicabant — maxime Manilium, poetam Latinum et Augusteum, quem ipsum ex Arato et Vergili *Georgicis* pendere manifestum est[5] — et usus est ipse Vergilius Arato, praesertim in *Georgicorum* libro primo, ubi signa caelestia describit, ut Fulgentius antiquitate inferiore plane affirmare potuerit:[6] *primus vero georgicorum est omnis astrologus.*

Primus codex Manilii inventus erat a Poggio Bracciolini anno 1417 — eodem scilicet anno quo Lucretius quoque est repertus — , cum versaretur in Germania propter concilium Constantinum.[7] Bonincontrius Florentiae Manilium publice interpretatus est scripsitque commentarium uberrimum, quem postea una cum textu Latino edidit Romae anno 1484. Visit illas tres urbes, quae tum fuerunt virorum doctorum capita: Neapolim, Romam, Florentiam. Adhaerebat academiae Platonicae Ficini, cuius iudicio fuit *poeta astronomicus astronomusque poeticus.* E Manilii *Astronomicis* pendet utrumque carmen didascalicum, quod scripsit ipse: primum, cum adhuc Florentiae versaretur, tres libros *De rebus naturalibus et divinis ad Laurentium Medicem*, deinde, cum Neapolim transmigravisset, tres alteros libros *De rebus naturalibus et divinis ad Ferdinandum Aragonem.* Qui bis tres libri, qui summatim continent tantum non quinque milia versuum, nuper diligenter editi sunt a Stephano Heilen.[8] Quod attinet ad Manilium et Aratum, et Bonincontrius supplevit[9] planetas illic omissos, in libro scilicet secundo et tertio alterius carminis.

Tertius poeta fuit omnium elegantissimus: Ioannes Iovianus Pontanus (1426–1503), qui composuit — eodem instinctu atque Bonincontrius amicus — et opera soluta oratione et carmina. Interpretatus est (et illud sicut Bonincontrius) illum Pseudo–Ptolemaei *Fructum* quem dicunt (graece Καρπός), quod

---

[5] Cf. W. Hübner, Manilius als Astrologe und Dichter, in: Aufstieg und Niedergang der römischen Welt, II 32.1 (1984), 126–320, speciatim 242–262.

[6] Fulgentius, *Expositio Vergilianae continentiae* p. 84,9.

[7] Cf. W. Hübner, Die Rezeption des astrologischen Lehrgedichts des Manilius in der italienischen Renaissance, in: Humanismus und Naturwissenschaften (= Beiträge zur Humanismusforschung VI), Boppard 1980, 39–67.

[8] Laurentius Bonincontrius Miniatensis, *De rebus naturalibus et divinis.* Zwei Lehrgedichte an Lorenzo de' Medici und Ferdinand von Aragonien. Einleitung und kritische Edition von Stephan Heilen, Stuttgart–Leipzig 1999 (Beiträge zur Altertumskunde. 129).

[9] De illorum temporum supplementis variis cf. P.G. Schmidt, Supplemente lateinischer Prosa in der Neuzeit. Rekonstruktionen zu lateinischen Autoren von der Renaissance bis zur Aufklärung, Göttingen 1964 (Hypomnemata. 5).

opus etiam in linguam Latinam convertit (1475–1477);[10] conscripsit opus amplum *De rebus coelestibus* quattuordecim libris (primam partem annis 1475–1477, secundam 1494–1495), ultimis libris refutare nitens acerrimam Pici de Mirandola confutationem *Disputationes adversus astrologiam divinatricem* duodecim libris interim publici iuris factam (1494), dicens in altero prooemio: *magna quidem volumina paucis complecti sumus, unde multiloquium abhorremus.*

Carmina astrologica componere coepit ante annum 1456, primum libro unico versionem priorem *Meteororum*, idest argumentum secundae Aratei carminis partis, deinde *Uraniam* celeberrimam quinque libris, quam saepius imitati sunt poetae posteriores.[11] Tertium carmen didascalicum duobus libris digestum inscripsit *De hortis Hesperidum*, in quo agit de fructibus citreis. Haec carminum Τριάς in prima editione post mortem confecta exstat primum carmen didascalicum Neolatinum prelo submissum[12] et insunt contra ordinem chronologicum: *Urania — Meteora — De hortis Hesperidum.* Quae ordinis inversio primum explicatur ad instar Arati, quippe cuius *Phaenomena* descendunt a caelo immenso et longinquo usque ad imam terram et portentorum signa usque ad animalia minuscula (velut mures), quem descensum optime recognovit Gualtarius Ludwig[13] adhibens notionem rhetoricam quae *anticlimax* dicitur, sed nescio an melius nominari potuerit voce Maniliana *descensus.*[14] Ita Pontanus in editione duorum carminum (*Urania — Meteora*) secutus est Arati ordinem. Praeterea brevi videbimus Pontanum etiam intra ipsum *Uraniae* carmen secutum esse ordinem descendentem. In secunda *Meteororum* versione hoc modo exorditur:[15] *Hinc ego ... expediam*, quibus verbis alligavit *Meteora* ad *Uraniam*, ut fierent car-

[10] Cf. nuper M. Rinaldi, Pontano, Trapezunzio ed il *Graecus Interpres* del *Centiloquio* pseudo-tolemaico, Atti della Accademia Pontaniana, NS 48 (1999), 125–171. Id., Per gli studi astrologici del Pontano: un autografo inedito e quattro frammenti di traduzione dal greco nel codice Ambrosiano G. 109 inf., ff. 30r–32v, Atti della Accademia Pontaniana, NS 50 (2001), 335–378.

[11] Nuperrime W. Ludwig, Opuscula aliquot elegantissima des Joachim Camerarius und die Tradition des Arat, in: Joachim Camerarius, hrsg. Rainer Kößling / Günther Wartenberg, Tübingen 2003, 97–132.

[12] W. Ludwig (v.n. 2), 101. De Pontano poeta trans medium aevum ad auctores antiquos recurrente P. G. Schmidt, Pontanos *Tumuli*, in: Pontano und Catull, hrsg. Thomas Baier, Tübingen 2003, 289–294, praesertim 291sq.

[13] W. Ludwig, Die Phainomena Arats als hellenistische Dichtung, Hermes 91 (1963), 425–448, praesertim 438.

[14] Manil. 5,5 *per descensum*, cf. W. Hübner (v.n. 5), 242–245. Id., Der *descensus* als ordnendes Prinzip der *Naturalis historia* des Plinius, in: Die Enzyklopädie im Wandel vom Hochmittelalter zur frühen Neuzeit, ed. Christel Meier, Akten des Kolloquiums des Projekts D im Sonderforschungsbereich 231, 29.11.–1.12. 1996, München 2002 (Münstersche Mittelalter-Schriften. 78), 25–41.

[15] Pontanus, Meteora 1,1; versu 25 contra rationem physicam Uraniam musam invocare pergit.

men unicum ad instar carminis Aratei; nam inde a Lucretio voce *hinc* in capite versus hexametri posita indicari solet transgressio ad aliam doctrinae materiam.[16] Praeterea poeta etiam in *Meteoris* docetur ab *Urania* Musa et utrumque carmen ad Lucium filium est directum.

Quantum attinet ad Aratum et Manilium, Pontanus etiam in hoc secutus est Bonincontrium, quod lacunam planetarum complevit. Etiam alteram lacunam implevit. Manilius enim, quamquam pollicitus est se tractaturum etiam occasus signorum extrazodiacalium (quae graece παρανατέλλοντα vocantur), promissa ipse non praestitit, attamen Firmicus Maternus, qui non solum secutus est Manilium — ut non pauci viri docti opinantur — , sed etiam illum auctorem graecum Manilii, ex quo hauriens supplevit doctrinam poetae.[17] Iam pridem demonstravi[18] Pontanum poetam Augusteum tam arte subsecutum esse, ut hodie Manilii carmen per Pontani imitationem melius intellegere possimus. Dividi potest *Urania* in tres partes sicut Manilii *Astronomica*, et constat utrobique prima pars e libro primo, secunda e libris secundo tertio quarto, ultima e libro quinto. Descendunt ambo a caelo usque ad terram, Manilius libro quarto (deinde etiam quinto) tractans geographiam et ethnographiam, Pontanus libro quinto (et ultimo) *chorographia* terram late describens, quo pondere pondus caeli uterque aequare possit. Similitudo duorum operum est tanta, ut etiam genesim carminum facile comparemus: uterque enim poeta librum quintum postea addidisse videtur,[19] aperiens novum campum descriptioni universali.

Age accingamur interpretari prooemii singulos versus. Ecce argumenta carminis:[20]

Qui coelo radient ignes, quae sidera mundo
Labantur tacito, stellis quibus emicet ingens
Signifer, utque suos peragant errantia cursus,
Unde hominum genus et pecudes, unde aequor et aurae
Concipiunt motus proprios, unde optima tellus
Educit varios non uno e semine foetus
Et rerum eventus manant seriesque futuri,
Dic, dea, quae nomen coelo deducis ab ipso

---

[16] Lucr. 1,254. al. Verg. georg. 1,509, al. Manil. 1,328. al.; de ipso carminis initio Verg. georg. 1,5 *hinc canere incipiam*.

[17] W. Hübner (v.n. 5), 139–144 et nuperrime M. Rinaldi, *Sic itur ad astra*. Giovanni Pontano e la sua opera astrologica nel quadro della tradizione manoscritta della *Mathesis* di Giulio Firmico Materno, Napoli 2002 (Studi Latini. 45).

[18] W. Hübner (v.n. 7), 56–60.

[19] De Pontano v. B. Soldati (1906, v.n. 4), 300, de Manilio W. Hübner (v.n. 7), 60sq., idem (v.n. 5), 245–247.

[20] Pontanus, Urania 1,1–10. Orthographiam editionis Benedicti Soldati fere sequor.

Uranie, dic, Musa, Iovis clarissima proles,
Et tecum castae veniant ad vota sorores.

Septem versus primi continent longam seriem sententiarum interrogativarum; verbum, ex quo pendent, invenimus denique in versu octavo: *dic, Dea.* Praecedunt *Qui coelo radient ignes* designantes per metaphoram stellas in universum, nondum sunt determinati velut in versu vicesimo altero: *errantes ignes*, ubi strictius loquitur de planetis.[21] Hac metaphora praeparatur etiam ordo elementorum, qui postea continuatur per aquam maris, aëra, terram infimam. Etiam quae sequuntur in universum dicta sunt: *quae sidera mundo / Labantur tacito*, quia nondum discernit poeta inter stellas fixas et errantes. Distinctius sequitur *signifer*, idest zodiacus:[22] *stellis quibus emicat ingens / Signifer*, qui dici potuit *ingens*, quia est unus ex circulis caelestibus qui maximi dicuntur, quia totum orbem concludunt. Quam amplitudinem continuatio sententiae, quae francogallice "enjambement" vocatur, depingere videtur. Post signa fixa evocantur planetae: *utque suos peragant errantia cursus*. Non legitur neutrum pluralis *errantia* pro substantivo antiquis temporibus[23] — nisi coniungere mavis *errantia* et *sidera* versus primi, transcendens substantivum *signifer* numero singulari interpositum.

Aperiunt simles sententiae interrogativae etiam *Meteororum* carmen:[24]

Hinc ego quae nubes causae, quis spiritus auras
sollicitet, quae vis agitet liquida aequora ponti,
expediam, et salsae dicam sapor unde lacunae — et cetera.

Hac structura grammatica uti solebant iam primi poetae et didascalici et epici, cum agebant de mundo universo[25] inde ab Hesiodo, nisi spurii sunt versus qui expunguntur ab aliquot viris doctis.[26] Si non genuini sunt hi versus, attamen sunt illi Parmenidis[27] necnon Empedoclis.[28] Accedunt cantatores in carmini-

---

[21] Cf. A. Le Bœuffle, Les noms latins d'astres et de constellations, Paris 1977, 41.

[22] A. Le Bœuffle (v.n. 21), 30sq.

[23] ThLL V 2 c. 809,28–48.

[24] Pontanus, Meteora 1–3.

[25] Multa exempla affert Robert D. Brown, The structural function of the song of Iopas, Harvard Studies 93 (1990), 315–334, speciatim 316sq.

[26] Hes. Th. 108–110 (deleverunt Ellger, Wilamowitz):
εἴπατε δ' ὡς τὰ πρῶτα θεοὶ καὶ γαῖα γένοντο
καὶ ποταμοὶ καὶ πόντος ἀπείριτος, οἴδματι θυίων,
ἄστρα τε λαμπετόωντα καὶ οὐρανὸς εὐρὺς ὕπερθεν.

[27] Apud Simplicium in libro de caelo composito (B 11 D.–K.):
[sc. ἄρχομαι λέγειν] πῶς γαῖα καὶ ἥλιος ἠδὲ σελήνη
αἰθήρ τε ξυνὸς γάλα τ' οὐράιον καὶ ὄλυμπος
ἔσχατος ἠδ' ἄστρων θερμὸν μένος ὡρμήθησαν,
γίγνεσθαι.

[28] Apud Clementem Alexandrinum in *Stromatibus* (B 38):
εἰ δ' ἄγε τοι λέξω πρωθήλιον † ἀρχήν,

bus epicis aliisque velut Orpheus in primo libro *Argonauticorum* Apollonii Rhodii,[29] quem imitatus est Vergilius in *Aeneide* inducens Iopam stellarum et mundi vatem.[30]

Sed imprimis hoc facere consueti sunt poetae didascalici initio aut singulorum librorum aut totius carminis velut Lucretius in opere quod composuit *De rerum natura*:[31]

nam tibi de summa caeli ratione deumque
disserere incipiam et rerum primordia pandam,
unde omnis natura creet res, auctet alatque,
quove eadem rursum natura perempta resolvat.

Notemus esse et haec argumenta universalia (i.e. caelum, deos, elementa), quae Lucretio hunc modum dicendi insinuaverunt. Sed omnium Pontani praecursorum facile princeps est Vergilius, qui primus has sententias interrogativas verbo, unde dependent, praemisit dicens:[32]

Quid faciat laetas segetes, quo sidere terram
vertere, Maecenas, ulmisque adiungere vitis
conveniat, quae cura boum, qui cultus habendo
sit pecori, apibus quanta experientia parcis,
hinc canere incipiam.

Nemini ignotum est haec esse argumenta quattuor *Georgicorum* librorum: verba *laetas segetes* et *terram vertere* librum primum annuntiant, *ulmis adiungere vitis* secundum, *cura boum* et *cultus habendo / ... pecori* tertium, *apibus ... experientia* quartum denique. Hunc sententiarum ordinem est imitatus Pontanus, repetens non solum quattuor sententias interrogativas, sed etiam polyptoton pronominale *qui* — *quae* in principio versus et post caesuram semiseptenariam positum. Sequitur in quinto dactylo *sidera*, quae vox refert illud Vergilianum *sidere* sicut

---

ἐξ ὧν δῆλ' ἐγένοντο τὰ νῦν ἐσορῶμεν ἅπαντα,
γαῖά τε καὶ πόντος πολυκύμων ἠδ' ὑγρὸς ἀήρ.

[29] Apoll. Rh. 1,496–511, cf. Ch. Pietsch, Weltdeutung im Orpheusgesang: Zur Bedeutung von Apollonius Rhodius, Arg. I, 496–511, Gymnasium 106 (1999), 521–539.

[30] Verg. Aen. 1,742–748, cf. P. Boyancé, Le sens cosmique de Virgile, Revue des Études Latines 32 (1954), 220–249. Iam antea Vergilius induxerat in sexta ecloga Silenum carmen de rerum natura canentem (Verg. ecl. 6,13), ut taceam de Catullo in carmine de coma Berenices composito (Catull. 66,3–5), qui eodem modo commemorat Cononem Ptolemaeorum astrologum aulicum.

[31] Lucr. 1,54–57. Cf. etiam initio libri quinti post Epicuri elogium 5,55–58:
cuius [sc. Epicuri] *ego ingressus vestigia dum rationes*
persequor ac doceo dictis, quo quaeque creata
foedere sint, in eo quam sit durare necessum
nec validas valeant aevi rescindere leges — et cetera.

[32] Verg. georg. 1,1–5.

sententiae continuatio in proximum versum cum verbo *labantur* illud Vergilianum *vertere*.

Age respiciamus singula Pontani argumenta, quorum duo prima iam cognovimus:

– primum *ignes, sidera, stellas* et *signiferum*: idest sphaeram exteriorem stellarum fixarum,

– deinde *sidera errantia*, idest stellas vagas, quas antiqui inter caelum et terram revolvi arbitrabantur,

– tertium animantia terrestria, idest *homines* et *pecudes*,

– quartum *aequor et auras*, idest mare (sive aqua) et aër, duo illa elementa inter ignem caelestem supremum et terram infimam interposita,

– quintum elementum quartum, terram herbis variis prolixam,

– sextum denique *rerum eventus*.

Hac ratione poeta secundum illum ordinem, quem *descensum* nuncupavimus, delabitur a sphaera externa stellarum fixarum per planetarum orbitas usque ad terram; et in ipsa terra loquitur primum de animantibus, deinde de herbis. Excellit inter animantia homo, sequuntur ordine denuo descendente bestiae. Haec hominis dignitas, licet doctrinae renascentium litterarum conveniat, invenitur iam in antiquitate, si respicimus Plinii maioris *Historiam naturalem*, qui primum agit de mundo universo et elementis, deinde — post geographiam interpositam — de homine, postea de animalibus et de herbis, ut desinat in lapides et metalla.[33] Idem Pontanus, ut materiam universi digerat, utitur elementis: post *ignes* stellarum, elementum supremum, in versu primo nominat duo elementa inferiora, aquam et aëra (licet elementorum descensus exiguat ordinem inversum, idest primum aëra, qui sequitur ignem stellarum, deinde aquam terrae vicinam).[34] In fine apparet terra, vox ambigua (ut vox Graeca γῆ), quae designat utrumque: et elementum et corpus caeleste; est enim elementum terrae secundum Platonicos (non ita secundum astrologos) quattuor elementorum ponderosissimum atque infimum, quia corpus caeleste terrae est centrum totius universi, quo omnes res concidere videntur. Praeterea bis evocat terrae fertilitatem et herbarum varietatem dicens *varios ... foetus* et *non uno semine*. Quae naturae prolixitas est argumentum secundi *Georgicorum* libri quae auget hilaritatem generalem, qualem libri indolem bene perspexit Fridericus Klingner.[35] Est praeterea conceptum Stoicorum, quod idem elucet e Plinii *His-*

[33] Cf. W. Hübner, v.n. 14.

[34] De variis elementorum ordinibus W. Hübner (v.n. 5), 150–158.

[35] F. Klingner, Virgils Georgica, Zürich–Stuttgart 1963, reimpressum in: Virgil. Bucolica, Georgica, Aeneis, Zürich–Stuttgart 1967, 175–363.

toria naturali, quae compluribus locis evocat *lusum* (qui dicitur) *naturae.*[36] A lusu naturae terrestris denuo altius se effert poeta ad rerum futurarum eventa.

Hactenus de ordine descendente. Sed respiciamus differentiam manifestam: non perseverat poeta in sententiis interrogativis, quia inde a versu quinto utitur formis indicativis: *concipiunt* (licet admittat ars metrica etiam *concipiant*) et *educit* (licet quadret etiam *educat*), tertium *manant* (licet *manent* quoque versui sit aptum). Observandus est hiatus quidam inter tres primos versus, qui attinent ad caelum, et quattuor versus sequentes, qui terram respiciunt. Non iam enumerantur argumenta caelestia carminis *Uraniae*, sed sententiae indicativae relatae sunt ad vocem *cursus* vel ad omnia quae praecedunt caelestia, idest secundum Pontani — et astrologorum — opinionem omnia sublunaria dependent de sideribus: secundum stellarum errantium motum moventur homines et bestiae, mare et aër, parit terra herbas omnigenas, ita ut omnes omnino rerum eventus a caelo deriventur. Ecce conceptum quod hodie vocamus deterministicum vel fatalisticum. Itaque verbum geminatum quod sequitur (*dic* ... *dic*) trans quattuor versus, qui sententias relativas continent, coniungendum est cum illis quattuor primis sententiis interrogativis.[37]

Sequitur in versu nono et decimo dea inspiratrix, Uranie Musa, quae est prima numinum quae invocat (vel nominat) poeta. Iam Cicero induxerat Uraniam Musam in carmen heroicum quod composuit *De consulato suo*, multa prodigia annuntiantem, quorum magnam partem a caelo ortam esse contendit.[38] Quae

---

[36] Plin. nat. 9,102 *magna ludentis naturae varietas*, vel de variis bestiarum cornibus agens 11,123 *nec alibi maior naturae lascivia. lusit animalium armis* eqs., vel etiam de florum varietate 21,1: [sc. *naturae*] *lascivienti ... et in magno gaudio fertilitatis tam varie ludenti*, vel generaliter 21,1: *rerum naturae ... tam varie ludenti*, simplici denique iunctura 14,42 *naturae lusu*. Cf. K. Deichgräber, *Natura varie ludens.* Ein Nachtrag zum griechischen Naturbegriff, Wiesbaden 1954 (Abhandlungen der Akademie Mainz, geistes- und sozialwissenschaftliche Klasse 1954/3). Iam antea legimus Ov. met. 15,204f. *florumque coloribus almus / ludit ager.* Perperam hoc conceptum respuit J. Hahn, Plinius und die griechischen Ärzte in Rom: Naturkonzeption und Medizinkritik in der *Naturalis Historia*, Sudhoffs Archiv 75 (1991), 209–239, imprimis 223. Alio verbo usi erant Graeci: Chrysipp. περὶ φύσεως 5 (SVF 1163 apud Plut. De Stoicorum repugnantiis 21 p. 1044[D]): τὴν φύσιν τῇ ποικιλίᾳ χαίρουσαν.

[37] Invenimus similem variationem inter sententias interrogativas et relativas divisam etiam in *Meteororum* prooemio, sed illa mera variatio esse videtur: subiunctivus versibus 1–9, indicativus versibus 10–14 de cometis, denuo subiunctivus versibus 15–22.

[38] Se ipsum laudat Cic. div. 1,17–22: *versus* [...] *quos in secundo Urania Musa pronuntiat* et sequuntur LXXVIII versus. Cf. K.A. Fischbach, Prodigienhäufung im römischen Epos, diss. masch. [apud Ottonem Weinreich] Tübingen 1947. De sorte illius Musae post Pontanum egit A. Thill, La Muse d'Uranie chez les poètes baroques, héritage et mutation, in: Tolède 1085–1985, Actes du colloques de Mulhouse (décembre 1985), Bulletin de la Faculté des Lettres de Mulhouse 16 (1989), reimpressum in: Jacob Balde. Dix ans de recherche, Paris 1991, 195–206.

Musa titulo totius carminis fungitur, quod est admodum feliciter inventum, primum quod nominata est a caelo (graece οὐρανός), quod poeta ipse affirmat dicens: *nomen caelo deducis ab ipso.*[39] Praetera *Uranus* deus est pater Saturni, Saturnus pater Iovis et Iupiter pater Martis — ecce seriem trium generationum necnon trium planetarum externorum qui dicuntur propterea quod altera ex parte terrae infimae supra solem moventur (v. fig. 1).[40] Postea primus planeta novus repertus anno 1781 et trans Saturni orbitam revolvens, ab inventore William Herrschel Hanoverano licet initio proposuisset, ut nomen adulatorium caperet regis sui et Anglorum, *Georgium sidus*, tamen mythologia victrice nuncupatus est *Uranus*. Ita factum est, ut series trium generationum (Mars — Iupiter — Saturnus) retro prolongaretur in quartam.[41]

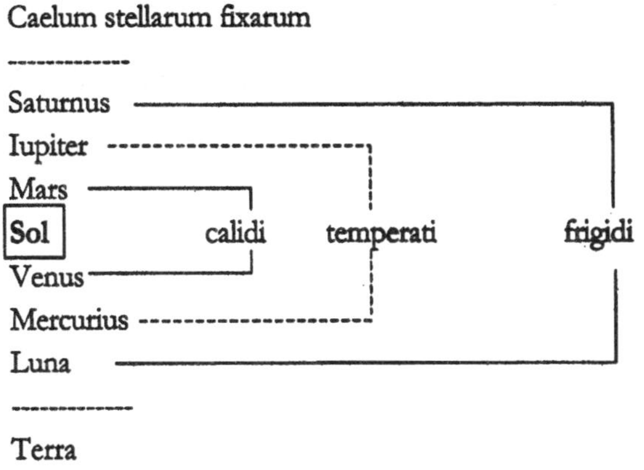

fig. 1. Planetarum septizonium (ἑπτάζωνος)

Accedet tertia ratio, si meminerimus Uraniam esse Musam. Inde a Philone Alexandrino novem Musae cum septem stellis errantibus coniungi solitae e-

[39] De variis rationibus verbi deducendi apud poetas Latinos egit W. Eisenhut, *Deducere carmen*. Ein Beitrag zum Problem der literarischen Beziehungen zwischen Horaz und Properz, in: Gedenkschrift für Georg Rohde, ed. Gerhard Radke, Tübingen 1961 (= ΑΠΑΡΧΑΙ. 4), 91–104.

[40] Cf. W. Hübner, L'astrologie dans l'antiquité, Pallas 30 (1983), 1–24, speciatim 7, theodisce: Die Astrologie der Antike, Berichte zur Wissenschaftsgeschichte 8 (1985), 7–24. speciatim 11, reimpressum in: Zeitschrift für Parapsychologie und Grenzgebiete der Psychologie 28 (1986), 1–22.

[41] D. Wattenberg, Die Namen der Planeten und ihrer Satelliten, Berlin 1964, 22–24. W. Hübner, Antike in der Astrologie der Gegenwart, in: Die Antike in der europäischen Gegenwart, ed. W. Ludwig, Göttingen 1993 (Veröffentlichung der Joachim–Jungius–Gesellschaft der Wissenschaften Hamburg. 72), 103–124 et 179, speciatim 111sq. Extat in lingua Latina forma mascula rara *Caelus*, sed erat iam usurpatum a Nicola–Louis de Lacaille nomen instrumenti *caeli*, ut designaret constellationem novam hemisphaerii meridionalis.

rant. Planetarum ordo a Philone vocatur[42] πάμμουσος ἁρμονία. Sed mirum est, qua ratione novem Musae cum septem stellis errantibus quadrare possint. Varias solutiones invenere viri docti. Plutarchus prolongat ordinem septem planetarum deorsum in terram infimam[43]: μία δὲ τὸν περὶ γῆν εἴληχε τόπον [...], μία δὲ τὸν μεταξὺ γῆς καὶ σελήνης τόπον ἐπισκοποῦσα, idest: *altera sortita est loca circum terram sita, altera contemplans loca intra terram et lunam patentia.* Quae solutio aliquantulum dura esse videatur, elegantiorem exhibet Macrobius Ciceronis *Somnium Scipionis* explicans. Ad Sirenas respiciens, quas Plato[44] in *Rei publicae* libro ultimo dicit circa terram revolvi, affirmat[45] Uraniam esse sphaeram stellarum fixarum et Calliopam, quam ab Hesiodo[46] principem omnium Musarum nuncupatam esse nemo ignorat, omnium Musarum concentum (sicut in *Re publica* iustitia est concentus quidam ceterarum virtutum: nempe fortitudinis, temperantiae, sapientiae). Ecce Uraniam sortitam ultimam sphaeram stellarum fixarum, quae legitime sequitur paenultimam Saturni filii.[47] Martianus Capella denique in satura Menippea *De nuptiis Philologiae et Mercurii* inscripta explicat totum Musarum ordinem, qui eluceat ex hac tabella:[48]

[42] Philo, De somniis 1,6,35. De hac re cf. M. Th. D'Alverny, Les Muses et les sphères célestes, in: Classical, Mediaeval and Renaissance Studies in Honour of Berthold Louis Ullman, ed. Ch. Henderson, Rom 1964, II 7–19.

[43] Plut. quaest. conv. 9,14,7 p. 746^{A}. Cf. etiam Plut. De animae procreatione in Timaeo 32 p. 1029^{C} de nona Musa: ὁ περὶ γῆς τόπος μεταξὺ γῆς καὶ σελήνης.

[44] Plat. Resp. 10, p. 617^{BC}.

[45] Macrob. somn. 2,3,1.

[46] Hes. Th. 79 Καλλιόπη θ', ἣ δὲ προφερεστάτη ἐστὶν ἁπασέων.

[47] Quem Macrobii ordinem partim adoptavit Ficinus Pontani fautor: Ficinus, *Theologia Platonica* III 1 (in fine), in: Opera, Basileae 1561 (reimpressum Taurini 1962), vol I 131 (aliter 614).

[48] Mart. Cap. 1,27sq., ordinem Musarum diversum invenimus apud eundem 2,118–125.

Musae	*stellae errantes*	Ficini Musae
Uranie	*stellantis mundi sphaeram extimam*	Urania
Polyhymnia	Saturnus	Polyhymnia
Euterpe	Iupiter	Terpsichore
Erato	Mars	Clio
Melpomene	Sol	Melpomene
Terpsichore	Venus	Erato
Calliope	Mercurius	Euterpe
Clio	Luna	Thalia (*hanc aliam musam* trad.)
Thalia	*in ipso florentis campi ubere*	[*anima mundi*: Calliope]

fig. 2. Musae et planetae secundum Martianum Capellam

Uranie (quam Martianus forma Graeca appellat sicut Pontanus) et in hac distributione obtinet positionem supremam, Calliope vero apud Martianum non iam designat omnium Musarum concentum (ut apud Macrobium), sed sphaeram Mercurii. Nona Musa Martiano est Thalia, cuius nomen derivatur a verbo Graeco θάλλειν, quod est *florere* vel *splendere*, qui splendor refertur ad florum dignitatem. Quem terrae vel florum splendorem etiam Pontanum evocare iam intelleximus.

Deinde rogat poeta Uraniam Musam assistant octo sorores, ut concelebret Vergilium patronum Neapoli sepultum, idest in eadem urbe, in qua versabatur Pontanus inde ab anno 1447. Vati celeberrimo promittit aram:[49]

Ipse legam laurique comas hederamque virentem,
Ipse aras statuam viridi de cespite et umbras
Lustrabo tumuloque feram solemnia dona
Dilecti vatis, viridi quem monte sepultum
Parthenope liquidamque colit Sebethos ad undam.

Circumscribitur nomen Vergili Vergiliano more[50] *monte* Pausilipum designante, ubi situs est Vergili tumulus. Sebethos est rivulus, qui Neapoli in mare se proicit. In fine carminis poeta non iam se coronat, ut Vergilium veneretur, sed

[49] Pontanus, Urania 1,12–16.

[50] De hac re vide G. Klause, Die Periphrase der Nomina propria bei Vergil [diss. Münster 1990], Frankfurt, al. 1993 (Studien zur klassischen Philologie. 76).

rogat nymphas Sebethidos, ut coronent tumulum suum ipsius propter carminum bonum eventum atque successum.[51]

Accedunt alia numina. Digerit poeta deos in paria Vergilium secutus, quem in *Georgicorum* prooemio[52] secundum morem duodecim deorum consentium[53] bis sex numina gemina invocavisse nemini ignotum est. Primum par faciunt utrobique Apollo et Diana:[54]

Ipse chori pater ac princeps et carminis auctor,
Phoebe, adsis, noctisque decus Latonia virgo.
Dique deaeque omnes, quorum sub numine coelum est.

Sed Pontanus inducit ea numina non tamquam luminaria (solem et lunam) — quod Vergilius fecit — , sed ut divinitates inspiratrices. Iungitur Apollo ad Musarum communitatem per iuncturam *chori pater*[55] — nisi forte haec iunctura referenda est ad planetarum ordinem, qui haud raro *chorus* esse dicitur.[56] Quo in choro sol obtinet mediam sedem (sicut elucet e figura 1),[57] Pontanus etiam ipse postea de regione solis dicet:[58] *medios coeli tractus, medii aetheris oram.* Si vera

---

[51] Pontanus, Urania 5,973–975.

[52] Verg. georg. 1,5–20.

[53] Cf. O. Weinreich, Zwölfgötter, in: Ausführliches Lexikon der griechischen und römischen Mythologie, ed. W. H. Roscher, VI, Leipzig 1924–1937 (reimpressum Hildesheim 1965), 764–848, repetitum in: O. W., Ausgewählte Schriften II, hrsg. G. Wille, Amsterdam 1973, 555–664.

[54] Pontanus, Urania 1,17sq. secundum Verg. georg. 1,5sq. *vos, o clarissima mundi / Lumina, labentem caelo quae ducitis annum.*

[55] Non est Apollo re vera Musarum progenitor neque parens, valet vox *patris* idem atque in precibus ritualibus *Ianus pater, Mars pater, Liber pater* vel etiam in ipsis nominibus *Iupiter* aut *Diespiter.* Immo Pontano hic deus est Musarum dux (graece μουσαγέτης), cuius rei ipse quasi se corrigens meminit: *chori ... princeps.*

[56] Philo De congr. erud. gr. 10,15 (III 82 C.–W.) πάμμουσος χορεία etc., plura congesserunt F. Dornseiff, Das Alphabet in Mystik und Magie, ²Leipzig–Berlin 1925 (Stoicheia 7; ¹1922, reimpressum Leipzig 1975), 99 et W. Hübner, Perseus, Eridanus und Cola Piscis unter den Sternbildern in Pontanos *Urania*, Humanistica Lovaniensia 28 (1979), 139–166, speciatim 152sq. et n. 37.

[57] Solem in medio stellarum errantium esse positum saepe observatum est ab antiquis: Alexander Lychnos apud Theonem Smyrnaeum p. 140, 7 μέσσην δ' Ἥλιος πλαγκτῶν θέσιν ἔσχεθεν ἄστρων, multa simillia congessit F. Krafft, Johannes Keplers Beitrag zur Himmelsphysik, in: Internationales Kepler–Symposium, Weil der Stadt 1971, ed. F. Krafft, al., Hildesheim 1973 (arbor scientiarum. A 1), 55–139, speciatim 78 cum n. 71. Id., Progressus retrogradus. Die 'Copernicanische Wende' als Ergebnis absoluter Paradigmatreue, in: Die Struktur wissenschaftlicher Revolutionen und die Geschichte der Wissenschaften. Symposion der Gesellschaft für Wissenschaftsgeschichte anläßlich ihres zehnjährigen Bestehens, 8–10. Mai 1975 in Münster, ed. A. Diemer, Meisenheim am Glan 1977 (Studien zur Wissenschaftstheorie. 10), 20–48., speciatim 41 cum n. 61.

[58] Pontanus, Urania 1,236.

est haec interpretatio, Apollo invocatus non solum mythologiam respicit (tamquam dux Musarum), sed etiam astrologiam planetariam (tamquam fons luminum). Iam Vergilius deos prooemii coniunxerat cum carminis argumentis, quem Pontanus secutus erat iam in *Meteororum* prooemio, ubi Iunonem invocat, aëris patronam secundum etymologiam celebrem, quae est Ἥρα — ἀήρ.[59]

Sequitur alterum munus Apollinis, qui est carminum instinctor. Pontanus hoc loco imitatur Manilium poetam, qui iuxtaposuit voces *princeps* et *auctor* ad Mercurium deum conversus:[60]

tu princeps auctorque sacri, Cyllenie, tanti.

Licet Apollo minus perspicue solem repraesentare videatur, Diana soror verbis manifestis cum luna coniungitur, quippe quae est *noctis decus* nuncupata. Ecce Pontanum reversum ad Vergili rationem naturalem. Quae Vergili imitatio facilius cernitur in versu sequenti qui refert generalem quae dicitur invocationem.[61] Sed respiciatur differentia. Vergilius regionem totius mundi evocaverat initio (*labentem caelo quae ducitis annum*), in fine humilis fit omnes deos ad *arva* referens mundo agresti contentus,[62] at Pontanus carmen universale intendit quod Vergilius adhuc reformidaverat.

Sed hac in re Pontanus Vergilio cedit, quod generalis invocatio deorum dearumque seriem minime concludit, sed sequitur alterum par, Venus (cum Gratiis) et Mercurius:[63]

Tuque adeo, comes Aonidum, dux optima vatum,
Alma Venus (teneros nati sat lusimus ignes),
Dum coeli errantes ignes, dum sidus amatum,
Quo terraeque fretumque et magnus concipit orbis,
Dum canimus quae signa tibi, quod pareat astrum,
Diva, fave et niveis felix allabere cygnis.
O mihi si Charites spirent, si blanda canentis
Gratia mesopio contingat labra liquore.

Venus et Mercurius lectorum animos sensim convertunt ad *Uraniae* argumentum, quia sunt nomina et numina duorum planetarum inferiorum qui dicuntur, quia intra solem et lunam interposita sunt (sicut elucet e figura 1). Illi planetae non longe a sole aberrare videntur, ut iam in antiquitate satellites solis

[59] Pontanus, Meteora 36–41. De etymologia celeberrima inde a Plat. Krat. 404C tradita cf. A.S. Paese ad Cic. nat. dor. 2,66 (= SVF II 1075).
[60] Manil. 1,30.
[61] G. Wissowa, Religion und Kultus der Römer, [2]München 1912 (Handbuch der klassischen Altertums–Wissenschaft. IV 5; reimpressum 1971), 38.
[62] Verg. georg. 1,21 *dique deaeque omnes, studium quibus arva tueri.*
[63] Pontanus, Urania 1,20–27.

esse putarentur.[64] Praeterea Venus et Mercurius coniuncti poetas procreare dicebantur ab astrologis.[65]

Si Pontanus inde a Luna terrae vicinissima et planetarum infimo secutus esset ordinem ascendentem, primum Mercurium, deinde Venerem debuit nominare. Quare contra ordinem anticipaverit Venerem, nobis explicat ipse duas causas adumbrans: primum Venus quoque (una cum Apolline) comitatur Musas, a quibus propter Uraniam erat exorsus: *comes Aonidum, dux optima vatum*. Secunda ratio posita est in sua ipsius vita, qui aetate iuvenili composuit carmina amatoria: *teneros nati sat lusimus ignes*.[66] Aetate provectus poeta respicit carmina iuvenilia, quae ediderat libello *Eridanus* vocato, titulo sane ambiguo, quia ex parte terrestri intendit Padum fluvium, ubi vitam degebat olim Ferrarae versatus, ex parte caelesti constellationem hemisphaerii australis.

Dixerat poeta in *Eridani* carminibus in caelo stellas igneas contra expectationem formare fluvium, in terra Eridanum flumen amore *Stellae* (sic enim puellam adamatam nominat) exarsisse.[67] Inde melius intellegimus metonymiam *sidus amatum*. Simili ambiguitate in *Uraniae* prooemio utitur designans (in formula *teneros ... sat lusimus ignes*) voce *ignes* translate ardorem amoris, proximo vero versu denuo (velut in primo) candorem proprium stellarum: *coeli errantes ignes*. Redolet ipsa ambiguitas illa carmina quae evocat iuvenilia.

A sidere amato, idest a Stella amica, transgreditur ad Venerem planetam. Iunctura *sidus amatum* non solum indicare videtur causam finalem (idest Stellam amatam), sed etiam causam quae dicitur efficiens, quia Venus dea universalis et omnium rerum fons et origo esse putatur. Coniungit poeta conceptum originarium deae Graecae Ἀφροδίτης cum ratione naturali, idest astrologica, denuo utens sententiis interrogativis:

Dum canimus quae signa tibi, quod pareat astrum.

---

[64] Quorum primum Heraclidem Ponticum fuisse perperam olim putabatur: W.G. Saltzer, Theorien und Ansätze in der griechischen Astronomie, Wiesbaden 1976 (Collection des travaux de l'Académie Internationale d'Histoire des Sciences. 23). O. Neugebauer, On the allegedly heliocentric theory of Venus by Heraclides Ponticus, American Journal of Philology 93 (1972), 600–601, reimpressum in: Astronomy and History. Selected Essays, New York al. 1983, 370–371.

[65] Cf. e.g. Anubionem in Dorothei editione: D. Pingree, Dorotheus Sidonius, Carmen astrologicum, Leipzig 1976, p. 359,18 ὁ Ἑρμῆς ἐν οἴκοις ἢ ὁρίοις Ἀφροδίτης [...] Μούσης ἐμπείρους [sc. ποιεῖ]. p. 366,27 ὁ Ἑρμῆς ὡροσκοπῶν ἢ μεσουρανῶν σὺν Ἀφροδίτῃ μουσικοὺς [sc. ποιεῖ].

[66] De vocis *ludendi* sensu poetico cf. R. Muth, *Poeta ludens.* Zu einem Prinzip der alexandrinisch–hellenistischen und der römisch–neoterischen Dichtung, Serta philologica Aenipontana II, Innsbruck 1972 (Innsbrucker Beiträge zur Kulturwissenschaft. 17), 65–82. (1972).

[67] Pontanus, Eridanus 1,16. 2,1,51–54, vide W. Hübner (v.n. 56), 153sq.

Arbitrabantur enim astrologi a Venere gubernari signa signiferi Taurum et Libram (v. fig. 3),[68] et vox *astrum* proprie designat eam stellam errantem, quae a Venere gubernari putatur.[69]

Sed ecce poetam ad mythologiam reversum rogantem deam, ut allabatur cygnis. Quod conceptum hausit ex Ovidi *Metamorphosibus*, ubi Venus post colloquium quod habuit cum Adoni suo cygnis avolat:[70] *iunctisque per aera cygnis / carpit iter.* Quem locum saepius imitatus est Pontanus evocans Veneris currum a cygnis (vel oloribus) vectum.[71] In capite de Venere planeta conscripto cygnos ab ipsa dea Venere esse constellatos:[72]

His Cytherea suum posuit pulcherrima sidus,
Quo terraeque fretumque et magnus concipit aer.

Secundum versum ad verbum minus apte repetit e prooemio.[73] Hic catasterismus denuo mythologiam reducit ad astrologiam. Secundum enim Ptolemaei *Tetrabiblon*[74] stellae Cygni sideris praestant Veneris (et Mercurii) naturam. Quam observationem in fabellam nitidam constellationis convertit Pontanus.[75]

Veneris invocatio complet non minus quam octo versus; et est interpellatum numen oratione recta (at Charites et Mercurius qui sequuntur non ita). Propensum enim se esse ad hanc deam confitetur — non solum in carminibus amatoriis iuvenilibus, sed etiam in carminibus tardioribus didascalicis, quorum calorem et colorem eroticum — Ovidianum in morem plus quam Vergilianum — bene perspexit Benedictus Soldati.[76]

---

[68] A. Bouché–Leclercq, L'astrologie grècque, Paris 1899 (reimpressum Brüssel 1963, denuo Aalen 1979), 182–192.

[69] A. Le Bœuffle (v.n. 21), 31–36 (*sidus*: 13–23).

[70] Ov. met. 10,708sq. Aliter Hor. carm. 4,1,10 *pupureis ales oloribus.*

[71] Pontanus, Urania 1,212–214:

et Paphii vectantur olores,
Numinis Idalii currumque rotasque volantes
Qui subeunt, mollique ferunt per inania lapsu.

Cf. 1,225 *Et sinuosa means secat aethera cygnis* ...; 1,764sq. *Erycina canoras / iungit equos.* Praecedit vocem *Erycina* in editione a B. Soldati confecta (v.n. 4) contra metrum *iustaque*, ergo scribendum *iuxtaque* arbitror.

[72] Pontanus, Urania 1,215s. Catasterismum diversum exhibet Hyg. astr. 25 secundum Cratinum tragicum: est Iuppiter prae amore in olorem conversus.

[73] Pendet ex Hom. hymn. Ven. 5: ἠμὲν ὅσ' ἤπειρὸς πολλὰ τρέφει, ἠδ' ὅσα πόντος.

[74] Ptol. apotel. 1,9,16 οἱ δὲ τῇ Λύρᾳ [sc. ἀστέρες τὴν ὁμοίαν ποιότητα] τῷ τῆς Ἀφροδίτης [sc. ἀστέρι] καὶ τῷ τοῦ Ἑρμοῦ καὶ ἐν τῷ Ὄρνιθι ὡσαυτως.

[75] Aliud exemplum de Nodo Piscium praebet W. Ludwig (v.n. 11), 110sq. cum n. 59.

[76] B. Soldati (v.n. 4), 290. Etiam in *Tumulis* hunc colorem non neglegit: P. G. Schmidt (v.n. 9), 292sq.

Priusquam poeta a Venere transeat ad Mercurium, alterum et inferiorem Solis satellitem, filium appellat:[77]

Tu vero, nate, ingentes accingere ad orsus
Et mecum illustres coeli spatiare per oras;
Namque aderit tibi Mercurius, cui coelifer Atlas
Est avus, et notas puerum puer instruet artis.

Iam in *Meteoris* filium erat allocutus,[78] quod neque Aratus neque Vergilius neque Manilius fecerant (solus Hesiodus Persen fratrem appellat). Nominatus est filius Lucius Franciscus. Primum nomen correspondet nomini filiae Luciae (cuius mortem deplorat poeta in fine libri quinti[79]); aptum est quod lucem stellarum evocet sicut nomen Stellae puellae amatae. Natum esse filum sub Virgine adumbrat, sed lamentatus est fuisse minus assiduum, immo pigrum atque desidiosum.[80] Itaque exoptat doctrina astrologica animum eius in altum elevetur. Adhibet imaginem itineris caelestis:[81] *coeli spatiare per oras*, quod iter fit duobus modis: aut sine ascensu vel descensu in sola sphaera exteriore stellarum fixarum aut ascensu inde ab infima terra per sphaeras lunae et planetarum usque ad sphaeram stellarum fixarum, raro descensu a caelo ad terram. Secundum Platonicos est utrumque: descendunt animae post vitam emeritam ut retrorsum ascendant. Alteram rationem sequitur Pontanus ipse in libro primo ascendens a Luna usque ad Saturnum.[82] Quem ascensum etiam Laurentius Bonincontrius exhibuerat in carmine didascalico,[83] sed omnium primus Eratosthenes in epyllio, quod *Hermes* inscribitur. Licet sit deperditum, argumentum satis novimus: Mercurius simulatque est natus infans lyram conficit e testa testudinis, deinde subvolat per stellarum errantium sphaeras (et transit etiam suam ipsius Mercurialem) usque ad sphaeram stellarum fixarum, ut lyram no-

[77] Pontanus, Urania 1,28–31.
[78] Pontanus, Meteora 42.
[79] Pontanus, Urania 5,819–911, cf. B. Soldati (v.n. 4), 300sq. De nominibus ingeniose a Pontano inventis cf. P. G. Schmidt (v.n. 9), 293.
[80] Pontanus, Urania 2,913–919, praesertim 2,916s. *procul effuge et artis, / Quas Virgo teneris molles meditatur ab annis.*
[81] Cf. W. Bousset, Die Himmelsreise der Seele, Archiv für Religionswissenschaft 4 (1901), 136–169. 229–273 (reimpressum Darmstadt 1960). L. Landolfi, οὐρανοβατεῖν Manilio, il volo e la poesia. Alcune precisioni, Prometheus 25 (1999), 151–165. Apud Pontanum: Urania 1,554sq. *iuvat alta vagari / sidera et immenso propius succedere caelo*, ad calcem Manilii 1,13sq. *iuvat ire per ipsum / aera et immenso spatiantem vivero caelo.*
[82] Pontanus, Urania 1,32–761, v. infra. Concludit hunc ascensum catalogo planetarum breviore novem versuum: 1,762–770.
[83] Bonincontrius, *De rebus naturalibus et divinis* (v.n. 8), 2,40–350 (p. 542–560).

vam affigat caelo stellato.[84] Optimo ergo iure Pontanus desinit in deum versatilem, inter inferos et terram et caelum commeantem.

Sed indit etiam alias rationes commemorans Mercurium esse Atlantis nepotem (ex Maia matre scilicet Atlantis filia natum), quem epitheto Vergiliano[85] nuncupat *coeliferum*. Quia avus caelum umeris portare debuit, antiqui concludebant Mercurium astrorum doctrinam didicisse ab avo.[86] Ita factus est astrologorum et omnium mysteriorum patronus.[87]

Sed adumbrat tertiam rationem Pontanus: *et notas puerum puer instruet artis*. Non solum minime senescit Mercurius deus — ut omnes immortales scilicet — , sed etiam semper iuvenilis (nisi infans) esse pergit, quo facto hymnus Homericus Mercurio dedicatus supra limites rationis humanae est usus, ne dicam abusus.[88] Ita factus est deus etiam artis grammaticae et educationis. Optime ergo convenit Mercurii indoles Lucio filio, quod polyptoto eleganti exprimit poeta: *puerum puer*.

Mercurius ultimus prooemii deus idem est ultimus Iovis filius, quantum ad filios ex deabus partos (minor est Hercules ex Alcumena mortali procreatus). Inde Mercurius identidem ultimam obtinet positionem velut apud Horatium[89] post Apollinem, Venerem, Martem invocatus vel in lectisternio anni 217 a. Chr. n.;[90] apud Achillem Arati commentatorem[91] obtinet ultimam zonam terrestrem polo australi inaccesso vicinam vel apud Firmicum Maternum[92] ultimam mundi aetatem individuationis extremae vel etiam temporibus recentio-

[84] Eratosthenes, Hermes, in: Collectanea Alexandrina: reliquiae minores poetarum Graecorum aetatis Ptolemaicae 323–146 A.C., ed. Iohannes U. Powell, Oxford 1925 (reimpressum 1970), 58sq.

[85] Verg. Aen. 6,796. al., v. ThLL 3 (1907), c. 74,68–74.

[86] Aug. civ. 18,39 p. 315,27 *Atlans ille magnus astrologus* [...] *maternus avus Mercurii maioris*. De Atlante solo cf. Vitruv. 6,7,6 *Atlas enim formatur historia sustinens mundum, ideo quod is primum cursum solis et lunae siderumque omnium versationem rationes vigore animi sollertiaque curavit hominibus tradenda*, ... plura praebet A. Bouché-Leclercq (v.n. 68), 576sq.

[87] Manil. 1,30 *tu princeps auctorque sacri, Cyllenie, tanti*, ... (supra allatum), plura congessit W. Hübner (v.n. 5), 127 cum n. 2.

[88] Hac de re W. Hübner, Hermes als musischer Gott. Das Problem der dichterischen Wahrheit in seinem homerischen Hymnos, Philologus 130 (1986), 153–174.

[89] Hor. carm. 1,2,41–44.

[90] Liv. 22,10,9 Cereri deae coniunctus.

[91] Achill. Isag. 29 p. 65,13, ed. E. Maass, Commentariorum in Aratum reliquiae, Berlin 1898, p. 65,13, cf. W. Hübner, Geographischer und astrologischer Zonenbegriff in der Antike, Berichte zur Wissenschaftsgeschichte 24 (2001), 13–28, speciatim 23.

[92] Firm. math. 3,1,14, cf. W. Hübner (v.n. 5), 262–266.

ribus in chiromantia quae Mercurio deo attribuit digitum minimum et extremum.[93]

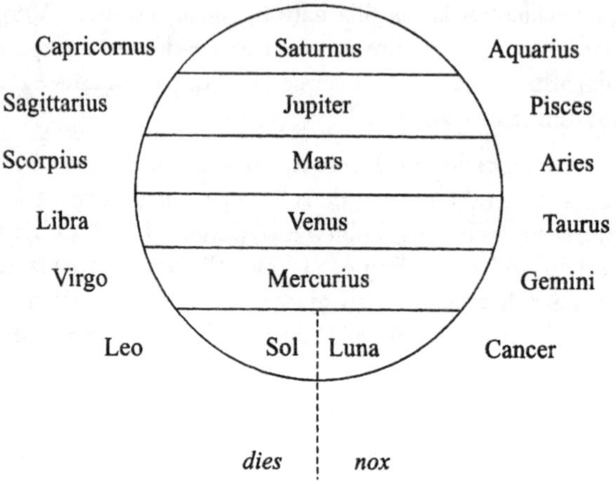

fig. 3. Planetarum domicilia zodiaci

Addamus ultimam rationem sane astrologicam. Si Pontanus filium natum fuisse sub Virginis signo dicit, sciendum Virginem esse alteram *domum* quae dicitur Mercurii planetae (v. fig. 3), qui insuper exaltatur in illo signo.[94] Iterum atque iterum sentimus Pontanum variis modis coniunxisse imagines fabulosas cum astrologiae notionibus.

Hactenus de prooemio. Tum mediam in doctrinam nos rapit poeta ascendens per stellarum errantium sphaeras, cuius itineris duos tantum primos versus respiciamus:[95]

Prima deum terras glaciali sidere circum
Luna meat, caelumque suo terit ultima curru.

Dicit Lunam esse et *primam* et *ultimam*. Haec contradictio solvetur, si meminerimus duorum quos diximus itineris caelestis ordinum: si enim ascendas, Luna est prima, si descendas, ultima. *Glacialis*, idest frigida, esse dici potest, quia (respiciamus figuram 1) longe abest a sole in medio posito, eodem modo altera

[93] Anon., ed F. Boll, CCAG VII (1908), p. 239,5 et p. 244, specimina posteriora contulit W. Hübner (v.n. 5), 263 cum n. 432.
[94] A. Bouché-Leclercq (v.n. 68), 192–199, imprimis 198 "Pour Mercure, l'ὕψωμα est identique à l'οἶκος."
[95] Pontanus, Urania 1,32sq.

ex parte longe a sole abest Saturnus et idem frigore torpens:[96] *aeterno constristat frigore terras*. At Mars et Venus, ut moventur soli vicini, pollent calore (et iam cognovimus Veneris *ignes*).

Imaginem currus lunaris frustra quaerimus in poesi Aratea et Maniliana, licet sit aliis testimoniis confirmata antiquis quoque temporibus. Origo derivanda est a carmine heroico Homeri, ubi Mars inducitur auriga[97] cum filiis Δεῖμος et Φόβος nominatis, quos antiqui quidam perperam pro equis vehiculi acceperunt.[98] Quem errorem sequitur etiam Pontanus, cum dicit:[99] *pellunt agili temone iugales / exanguis Metus atque Tremor*. Deinde Lunae minori attribuebant bigam boum, Soli maiori quadrigam equorum. Antiquitate inferiore in ludis circensibus curricula secundum planetas eorumque colores distingui solebant.[100] Aetate vero renascentium litterarum haec imago divulgabatur artibus figurativis, instituebantur etiam pompae sollemnes cum curribus, qui vehebant planetarum figuras.[101] Itaque etiam Pontanus saepissime et in libro primo et in libris sequentibus hac utitur imagine agens de planetis inde a Luna usque ad Martem[102] (sed desunt currus Iovi et Saturno astris tardioribus).

Amplificatur haec imago in fine libri secundi. Cum enim transit a libro secundo ad librum tertium, dividit zodiacum inter Sagittarium et Capricornum (sicut in transitione a libro tertio ad librum quartum discerpit signa extrazodiacalia).[103] Tales caesurae doctrinae cohaerentis in carminibus didascalicis antiqui-

[96] Pontanus, Urania 1,706, cf. 1,770 *Ultimus extremo torpet Saturnus in orbe*. De torpore frigoris cf. W. Hübner, Dirae im römischen Epos. Über das Verhältnis von Vogeldämonen und Prodigien [diss.Tübingen 1965], Hildesheim 1970 (Spudasmata. 21), 32–34.

[97] Hom. Il. 15,119f., cf. etymologiam θεός – θέω: Plat. Krat. 397^{D}. Macrob. Sat. 1,23,3.

[98] Schol. AT Hom. 15,199 ὅτι ἐντεῦθεν ἡ πλάνη γέγονε τοῖς δεξαμένοις Δεῖμον καὶ Φόβον ἵππων ὀνόματα, cf. U. Gärtner, Zur Rolle von Personifikation und Allegorie bei Valerius Flaccus, in: *Ratis omnia vincet*. Neue Untersuchungen zu den "Argonautika" des Valerius Flaccus, edd. U. Eigler et E. Lefèvre, München 1998 (Zetemata. 98), 67–85, speciatim 73 n. 28 ad Val. Fl. 3,89sq. *Terrorque Pavorque / Martis equi*.

[99] Pontanus, Urania 1,550sq., qui postea addit alterum equorum par (*Terrorem* et *Pavorem*), ut fiat quadriga.

[100] Anth. 197 R.; Cassiod. var. 12,3,51, cf. P. Wuilleumier, Cirque et Astrologie, Mélanges d'Archéologie et d'Histoire 44 (1927), 184–209. A. Cameron, Circus Factions. Blues and Greens at Rome and Byzantium, Oxford 1976, 64–67.

[101] D. Blume, Regenten des Himmels. Astrologische Bilder in Mittelalter und Renaissance, Berlin 2000 (Studien aus dem Warburg–Haus. 3), 183–191.

[102] De luna: Pontanus, Urania 1,297 *sed Phoeben Phoebesque rotas et plaustra secutus*. 1,762 *Prima igitur niveis Phoebe Latonia bigis / Invehitur*, al. De Mercurio: 1,108 *sua plaustra* (at 1,130 alludit ad talaria volatilia). De Venere: 1,212–214, v. supra de cycnis. De sole: 1,119 *solis ... quadrigis*, 1,676 *Quadriiugis hinc vectus equis sol igneus ambit*. al., praesertim de solstitiis, sive utroque 1,122 *sistit equos*, sive aestivo 1,280 *et equos sol sistit*. 3,26s. *fessosque iugales / sistit*, minus perspicue de brumali 2,1382 *sistit iter*. De Marte: 1,610 *sistit anhelus equos*.

[103] Cf. W. Hübner (v.n. 56), 142sq.

tatis sunt inauditae.[104] Propter praecessionem quae dicitur signorum aequinoctialium aetate Pontani solstitium hibernale, id est *bruma* (brevissima dies) iam in fine Sagittarii fiebat:[105]

Bruma tibi veteris finem nascentis et anni
Principium dux certa dabit, quo tempore Phoebus
Ultima Centauri peragrat momenta biformis.

Congruit ergo pausa inter librum secundum et tertium interposita cum illo momento, quo Sol sistit iter, quod imagine currus subsistentis diligentius illustrat poeta:[106]

Quo postquam sol praecipiti vertigine mersus
Declives impegit equos, languensque madensque
Defessus curru et longarum errore viarum
Sistit iter [...].
Ingentem late clivum timet et suspirans
Suscepti queritur tantum superesse laboris,
Rursus ut aestivum clivo rediturus ad axem,
Hinc lassos instaurat equos et firmat euntes.

Evocat vates his versibus laborem Solis equorum in fine revolutionis (notandus est versus spondiacus *timet et suspirans*), antequam denuo ascendendum sit sursum in annum novum. Alia ex parte Manilius eadem dixerat de culmine infimo:[107]

at, qua perficitur cursus redeuntis ab imo,[108]
tarda supinatum lassatis viribus arcum
ascendens, ...

In fine libri Pontanus laborem solis labori poetico congruere dicit — ecce ultimos huius libri versus:[109]

---

[104] In opere soluta oratione composito licet comparaveris Ptolemaei *Syntaxin*, ubi celeberrimus stellarum catalogus dividitur in hemisphaerium septentrionale (7,5) et meridionale (8,1).

[105] Pontanus, Urania 3,14–16. Cf. 3.1046sq.: initium autumni in Virgine.

[106] Pontanus, Urania 2,1379–1388.

[107] Manil. 2,852–854, similiter de cardine descendente 2,838:

pertinet ad rerum summas finemque laborum.

Cf. etiam de culmine superno 2,795–797:

tertius [sc. locus] *excelsi signat fastigia caeli,*
quo defessus equis Phoebus substistit anhelis
reclinatque diem mediasque examinat umbras.

[108] Ita Ellis, Garrod, van Wageningen, Liuzzi (1991, non ita 1983), *redeunte sub imo* traditur, *redeunte sibimet* Housman 1903 (crucem affigit denique 1932), *redeunte sub ortum* Shackleton Bailey, Goold.

Nos quoque defessos operum rarique laboris
Hortatur sol ipse operis dux sistere currum,
Et iuga fumanti taurorum demere collo.

Iteratur genetivus *laboris* in fine hexametri primo loco (v. 1386) ad solem, secundo (v. 1389) ad ipsum poetam relatus. Momento solstitii etiam poeta cantum sistere iubetur a sole. Etiam haec e Vergili *Georgicis* explicari possunt, quorum liber secundus ita concluditur:[110]

Et iam tempus equum fumantia solvere colla.

Eleganter Pontanus coniungit imaginem planetarum quos equi vehunt cum curru Vergili poetico. Neque vero differentia est neglegenda: Vergili enim currus ab equis vehitur, Pontani a tauris, quod nescio an ineptum videri possit primo obtutu. Sed intellegendum est equos esse animalia heroica, tauros vel boves animalia rustica. Ita poeta modestiam vel humilitatem expressit carminis didascalici. Iam diximus currum solis ab equis, lunae a bubus vehi putatum esse. Quae modestia etiam clarius elucebit, si meminerimus iam Vergilium hunc adumbrasse sensum. Correspondet enim libri *Gorgicorum* secundi conclusio conclusioni libri primi, ubi equi nimium festinantes non iam audiunt aurigam, idest poeta timet, ne furore poetico rapiatur in carmen heroicum, cui correspondent equi.[111]

Sed accedit altera ratio. Nemo ignorat laborem esse grave *Georgicorum* argumentum, praesertim libri primi:[112] *labor omnia vicit / improbus,* et iam antea coniunxerat[113] poeta *hominumque boumque labores.* Hac de re iam multa sunt scripta a viris doctis, sed absconditum esse sensum etiam astrologicum unus perspexit Pontanus. Annum rustici aperire Taurum signum signiferi affirmat Vergilius:[114]

---

[109] Pontanus, Urania 2,1389–1391. Etiam in carmine *De hortis Hesperidum* composito de labore et cura loquitur poeta, imprimis v. 412:

Labor impatiensque ocii languentis Egestas,

sequens Verg. georg. 1,145sq., cf. W. Ludwig (v.n. 2), 108.

[110] Verg. georg. 2,542. Comparaveris in rotatione diurna finem commoventem primae eclogae (Verg. ecl. 1,83): *maioresque cadunt altis de montibus umbrae* necnon in oratione soluta Cic. nat. deor. 3,64. Tac. dial. 42.

[111] Verg. georg. 1,512–514:

ut cum carceribus sese effudere quadrigae,
addunt in spatio, et frustra retinacula tendens
fertur equis auriga neque audit currus habenas.

[112] Verg. georg. 1,145sq.; cf. H. Altevogt, *Labor improbus.* Eine Vergilstudie, Münster 1952 (Orbis antiquus. 8).

[113] Verg. georg. 1,118.

[114] Verg. georg. 1,217sq., cf. W. Hübner (v.n. 7), 51.

Candidus auratis aperit cum cornibus annum
Taurus et quae sequuntur.

Taurus caelestis ab astrologis animal laboriosum et operibus delapsum fingitur.[115] Secundum Manilium poetam[116] *militiam indicit terris* (*militia* idem fere est atque *labor*). Correspondet ergo huius signi zodiacalis indoles concepto totius *Georgicorum* libri primi. Laborem Tauri iam antea fabula inventa illustraverat Pontanus,[117] narrans allegoriam Industriae feminae, Laboris et Egestatis filiae, quae taurum ad amorem invitat, ut eum denique ad laborem agrestem subeundum domaret; postea Iupiter Taurum caelo inter stellas collocat. Uti solet, astrologiam fabulose ornat Pontanus poeta. Quod ei contigit eo elegantius, quo melius perspexit iam sub Tauro Vergiliano astrologorum latere doctrinam.

---

[115] Manil. 2,250 *Taurus depositis collo sopitus aratris*, vel vice versa 4,143 *iugumque suis poscit cervicibus ipse* (regit enim collum in melothesia quae dicitur). 4,146 *dux ipse laboris*: cf. W. Hübner, Die Eigenschaften der Tierkreiszeichen in der Antike. Ihre Darstellung und Verwendung unter besonderer Berücksichtigung des Manilius, Wiesbaden 1982 (Sudhoffs Archiv, Beiheft 22), 538f. Id. (v.n. 5), 167–169. Adde Basil. hex. 6,6, p. 129[C] ὁ Ταυριανὸς τληπαθὴς [...], ἐπειδὴ ὑπὸ ζυγὸν ὁ ταῦρος, inde Ambros. hex. 4,4,15 *laboriosos et patientis servitii quos nascentes taurus aspexerit, quia animal laboriosum* eqs. Anonymus *De stellis fixis*, ed W. Hübner, Grade und Gradbezirke der Tierkreiszeichen. Der anonyme Traktat *De stellis fixis, in quibus gradibus oriuntur signorum*. Quellenkritische Edition mit Kommentar, Stuttgart–Leipzig 1995 (Sammlung wissenschaftlicher Commentare), II 2,12: Taurus 19° (p. 140 et commentum II 113). VI 2,4: Taurus 10°<–14°> (p. 217 et commentum II 183), ubi addas J. de Vreese S.J., Petron 39 und die Astrologie, diss. Amsterdam 1927, 92–94.

[116] Manil. 4,145.

[117] Pontanus, Urania 1,285–373.

L'Esprit et l'Art — Matthieu Casimire Sarbiewski et ses Epigrammes

ELWIRA BUSZEWICZ

I

On peut trouver assez drôle que Matthieu Casimire Sarbiewski, un des plus célèbres poètes latins d'époque chrétienne, *Horatius noster, Horatius christianus*, ne soit pas l'auteur qu'on lit souvent aujourd'hui.

Ce ne sont que des philologues (un cercle plutôt mince, ajoutons!) qui font des recherches sur son œuvre et sur sa vie et ce sont surtout ses odes qui sont l'objet des analyses récentes. De temps en temps sa théologie ou esthétique, ses théories littéraires et son traité sur la mythologie suscitent certain intérêt des chercheurs.[1]

Les épigrammes semblent presque méprisées. Et pourtant parmi ces textes on peut trouver non seulement des pensées brillantes du baroque, mais aussi des poèmes révélant des désirs mystique du poète, sa solitude d'existence (exprimée souvent par le code emblématique), ou une vision théologique du monde et de l'histoire.[2]

Alors, on attend un nouveau regard sur cette œuvre. On rencontre quand même des articles ou des chapitres dans les livres scientifiques et les périodiques consacrés aux études classiques.[3] Nous venons même d'entendre quelques nouvelles fraîches: par exemple celle d'un travail du doctorat qui est en

---

[1] Voir par exemple: A.W. Mikołajczak, Antyk w poezji Macieja Kazimierza Sarbiewskiego, Poznań 1994; Z. Grochal, Chrzescijański Horacy–Maciej Kazimierz Sarbiewski TJ i jego estetyka, Niepokalanów 1994, E. Sarnowska–Temeriusz, Świat mitów i świat znaczeń. Maciej Kazimierz Sarbiewski i problemy wiedzy o starożytności, Wrocław 1969, P. Urbański, Theologia fabulosa. Commentationes Sarbievianae, Szczecin 2000, M. Łukaszewicz–Chantry, Trzy nieba. Przestrzeń sakralna w liryce Macieja Kazimierza Sarbiewskiego, Wrocław 2002.

[2] Comme remarqua A.W. Mikołajczak dans Studia Sarbieviana, Gniezno 1998, p. 51–63.

[3] Voir un des chapitres dans le livre de K. Stawecka, Maciej Kazimierz Sarbiewski — prozaik i poeta, Lublin 1989; A.W. Mikołajczak, Z badań nad atrybucją epigramów Sarbiewskiego, dans Nauka z poezji Macieja Kazimierza Sarbiewskiego, red. J. Bolewski SJ, J.Z. Lichański et P. Urbański, Warszawa 1995; Idem, Nieznany autograf epigramów Sarbiewskiego, "Symbolae Philologorum Posnaniensium" 10 (1994), tous les deux imprimés avec certains changements dans Studia Sarbieviana, op. cit.. Voir aussi Mikołajczak, Panégyrique des épigrammes de M. Sarbiewski, dans Mathias Casimirus Sarbievius in cultura Lithuaniae, Poloniae, Europae. Motiejus Kazimieras Sarbievijus Lietuvos, Lenkijos, Europos kulturoje, red. E. Ulcinaitė, Vilnius 1998. Certains épigrammes avaient été traduites par Zofia Abramowiczówna et publiées dans "Przegląd Klasyczny" en 1938–1939 et "Kwartalnik Klasyczny" (en 1934).

train d'être écrit.[4] et une autre d'une édition latino–polonaise qui est en train d'être préparée à Varsovie.[5] Peut–être ce sont des faits qui annoncent des changements. Mais une constatation s'impose que cette poésie n'est pas la lecture de tous les jours pour les Polonais contemporains.

II

Prenant pour le titre de mon article l'expression *L'esprit et l'art* je voudrais attirer l'attention sur Sarbiewski théoricien et praticien — parce que nous connaissons le traité intitulé *De acuto et arguto*[6] dans lequel Sarbiewski explique des règles de l'art épigrammatique. D'après son opinion c'est la pointe (ou mieux *acumen, acutum*) qui est l'âme et l'essence de l'épigramme (*anima et essentia epigrammatis*). Pour notre poète–jésuite elle est la plus belle partie d'éloquence humaine (*pulcherrima humanae eloquentiae particula*). On peut l'utiliser dans toutes les formes de la parole: dans la poésie lyrique, dramatique, dans les oraisons, missives, faibles et même dans le langage de tous les jours. Nous pouvons trouver intéressant que Sarbiewski ne considère pas les épigrammes comme poésie.[7] Il les comparait avec les sentences, renfermant un grand sens. Il les considéra comme une sorte des exercices.

La question de la pointe fut commentée par notre poète à la base des théories rhétoriques. Son essence se fonde sur le principe *concordia discors vel discordia concors*. D'après Sarbiewski, dans la pointe "il arrive la rencontre de quelque chose de discordant avec quelque chose de concordant, cela veut dire elle est dans la parole 'concordance discordante' ou 'discordance concordante'"[8] L'auteur souligne avec force qu' il ne s'agit pas d'un contraste des choses discordantes, mais d'un plaisir qui vient de la surprise, quand d'abord nous apercevons étonnés quelque chose non correspondante à notre attente, et puis

---

[4] C'est le travail de Magdalena Piskała sous la direction de prof. Janusz Pelc.

[5] C'est l'édition préparée par M.Piskała et Dorota Sutkowska dans l'Academie Polonaise des Sciences.

[6] *De acuto ac arguto sive Seneca et Martialis* — c'est le mieux élaboré et le plus mûr traité de Sarbiewski, rédigé et corrigé quelque fois: d'abord comme les courses au collège jésuite à Połock (l'année académique 1619/20) et puis comme une conférence scientifique faite à Rome devant certains savants. Dans ce texte la construction de la pointe (*acutum*) est analysée par association avec la pointe materielle (du couteau par exemple) et mathématique (le triangle). Comme Mikołajczak fit attention, on peut comparer ce traité avec l'ouvrage théologique de Sarbiewski *De Deo Uno* pour admirer la théologie de la pointe (*Studia Sarbieviana*, op.cit., p.51–63.

[7] *Quod attinet ad epigramma, id vero si perfectissimum etiam sumatur, nequaquam est poesis* [...] *Adverte tamen non excludere nos epigrammata quaedam a speciebus poeseos, quae aptam aliquam fictionem habent* [...]; Cf. M. K. Sarbiewski, *De perfecta poesi sive Vergilius et Homerus* (O poezji doskonałej czyli Wergiliusz i Homer), ed. S. Skimina, Wrocław 1954, p. 20–21.

[8] M.K. Sarbiewski, De acuto et arguto dans Wykłady poetyki (Praecepta poetica) ed. S. Skimina, Wrocław 1958, p.5.

constatons avec plaisir que, cependant, cela correspond à la réalité. "Ainsi cette union de l'étonnement et du plaisir ne vient que d'accoupler la discordance avec la concordance".[9]

Alors on peut dessiner cette conception de la pointe comme un triangle. C'est le sujet de l'épigramme qui est la base du triangle. Le coté gauche montre "le discordant" (*dissentaneum*); le coté droit — "le concordant" (*consentaneum*). Les lignes s'intersectent au sommet du triangle: c'est la rencontre, l'union. On peut le comprendre en regardant le dessin suivant:[10]

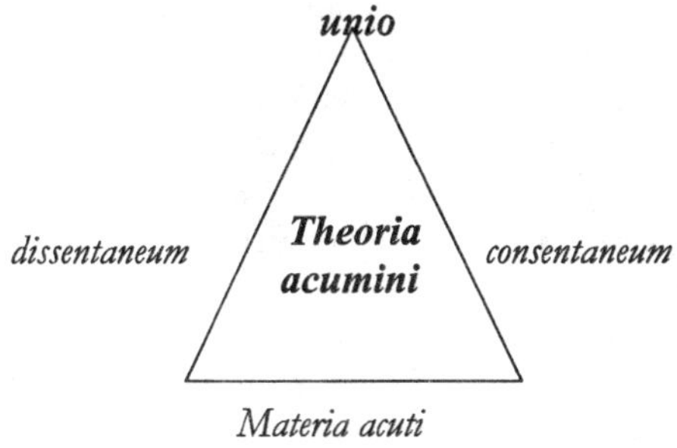

Sarbiewski illustre ses théories avec les ouvrages de Martial, il s'en appelle aussi aux poètes néo–latins; il choisit souvent des épigrammes écrites par un autre jésuite, vingt ans plus âgé, Bernard Bauhuis (Bauhusius). En outre il rappelle des pensées morales de Sénèque et cite ses propres vers. Certaines épigrammes de Sarbiewski seront le sujet de notre réflexion. Dans ces ouvrages, au–delà des plusieurs manières de construire la pointe, on peut trouver aussi beaucoup de diverses figures; ce sont le plus souvent jeux de mots, paronomases, calembours, paradoxismes, équivoques, polyptotes, onomatopées, allitérations, isocolons etc. Les modèles sont produits par (parmi les autres) Martial, mais l'influence de John Owen, Britain–néolatiniste est aussi remarquable.[11]

III

Dans ses épigrammes Sarbiewski réunit plusieurs moyens artistiques. La surprise de la pointe peut être sémantique, logique ou paralogique, ou même acoustique. Voyons d'abord une épigramme concernent la conversion de Saint Paul:

Epigramma CCXXXVII: *De conversione S. Pauli. Paulus in itinere excoecatur*

[9] Ibidem, p. 7.

[10] Voir ibidem, p. 6.

[11] Il n'y a pas aucuns rapports immédiats mais on peut voir certaines convergences. D'ailleurs, il est presque impossible penser que Sarbiewski n'avait pas connu les ouvrages de "Martial Britain".

Quadrupedante ruit sceleratas Paulus in iras,
Ut vetito Latiam subruat ense fidem.
Impatiens tanti sceleris de vertice nubes
Torsit in ardentem tela bisulca virum.
Corruit ad terram fuscatus lumina Paulus,
Et fuit in coeco mitior ore furor.
Cum furor est coecus, solet esse severior, iste
Nunquam mitis erat sic, nisi coecus erat.[12]

On voit ici, en même temps, l'art du paradoxe et les effets phonétiques intéressants. La dignité du thème est soulignée par l'utilisation de l'hexamètre et des adjectifs et des adverbes longs (*quadrupedante*, *sceleratas*, *vetito*, *impatiens*, *ardentem*, *fuscatus*, *severior* etc.). Tout cela évoque un climat épique, grâce, aussi, au célèbre mot Virgilien *quadrupedante*). La deuxième question est le jeu phraséologique et le paradoxisme. Saint Paul (alors qu'il chevauche de Jérusalem vers Damas) est aveuglé par un éclair surnaturel et tombe de cheval. Saint Paul dévient aveugle, mais sa furie diminue. C'est l'essence de paradoxe et l'essence de la pointe. La furie "aveugle" devrait augmenter, alors que la cécité de Saint Paul implique sa douceur. Nous en sommes étonnés et délectés à la fois.

Quelquefois le paradoxisme est réuni avec le contraste. On peut le voir dans une des épigrammes consacrées à la mort de Cesare Grimaldi, jésuite, qui dépérit en train de contrôler la décoration scénique à Rome en 1623. La décoration théâtrale figurait le ciel. Le jésuite, tombant du ciel faux, gagna le Ciel vrai, le Royaume:

Epigramma CXVI: *De eodem* (Cesare Grimaldi)

Scenica mentiti dum forte palatia coeli,
Et dubio Caesar scanderet astra pede;
Aurea, quae falsi simulaverat atria coeli,
Scissa ruinosum tela fefellit iter.
Decepto ruit ille gradu; tragicique doloris
Ad sua materies ipse theatra redit;
Et Iesum vocat ore. Pii, ne flete, sodales,
Non ruit ex astris Caesar, in astra ruit.

La pointe est inattendue grâce au paradoxisme: Sarbiewski utilise l'expression inopinée *in astra ruit* qui exige de nous nous imaginer un absurde: "s'écrouler en haut". Cependant, c'est vrai. Grimaldi écroula à bas, mais ainsi gagna les Cieux que nous imaginons se trouver en haut. Ici, nous voyons l'antithèse: *theatra* → *falsum coelum* — *verum coelum*; *falsa atria* — *vera theatra* → *coelum*. Para-

[12] Tous les vers de Sarbiewski cités selon l'édition: Mathiae Casimiri Sarbiewski e Societate Jesu Poloni *Poemata omnia*, ed. T. Wall, Staraviesiae 1892.

doxalement le vrai théâtre se montre comme faux, astucieux, mais ayant provoqué la mort de Grimaldi il le conduit au Ciel qui est le plus vrai "théâtre": Palais du Ciel. Le deuxième contraste vient de la réunion de l'atmosphère majestueuse et tragique de la mort avec la pointe qui exprime la consolation étonnante.

Le paradoxe peut se mêler avec l'ironie subtile. On la voit dans l'épigramme évoquant le Cantique (comme il arrive très souvent chez Sarbiewski). Le poète rapporte les versets caractérisant le Fiancé (5, 11 et 5, 14) à Christ. Dans ces versets bibliques les mots *aurum optimum, aureae* évoquent le sens axiologiquement positif, exprimant la beauté et la valeur. Alors, dans l'épigramme de Sarbiewski, *aurum* semble faire allusion aux églises baroques découlantes de l'or:

Epigramma XXXIX: In idem sacrum Canticum (*Caput eius aurum optimum* — Cant 5, 11; *Manus illius tornatiles aureae* — Cant 5, 14)

Vitis eram; nostros carpebat nemo racemos.
Flumen eram; nostras nemo bibebat aquas.
Arbor eram; nostra nemo consedit in umbra.
Ductor eram; nostrum nemo tenebat iter.
Phoebus eram; nostro lucebat lumine nemo.
Pastor eram; nostras nemo secutus oves.
Quid faceret Iesus? Aurum placet omnibus; Aurum,
Ut placeam posthac omnibus, inquit, ero.

Sarbiewski ramasse dans ces vers les attributs de Christ connus de l'Évangile ou de la tradition catholique. L'arbre peut être associé avec la Croix. En outre Jésus dit: "Je suis la vraie vigne (J 15, 1), Celui qui boira de l'eau que je lui donnerai n'aura jamais soif, et l'eau que je lui donnerai deviendra en lui une source d'eau qui jaillira jusque dans la vie éternelle (J 4, 14), Je suis le chemin (J 14, 6), Je suis la lumière du monde (J 8, 12), C'est moi le bon berger (J 10, 11)", etc. Aucun de ces symboles ou signes ne peut enthousiasmer les gens. Ils n'attirent personne. Dans la pointe l'ordre humain se rencontre avec l'ordre divin mais la signification est ironique et un peu amère. La netteté de jugement est soulignée par le parallélisme syntactique réuni avec la répétition de certains mots (*eram, nemo*) aux lieux fixés. Nous voyons aussi des effets d'allitération (la consonne *n* qui augmente l'impression de la négation; le *parhomoeon*: ***n**ostrum **n**emo, **l**ucebat **l**umine*) etc.

Parfois on accuse les épigrammes de Sarbiewski du mauvais goût et de l'inconvenance. Prenions l'épigramme CX. Krystyna Stawecka, par exemple, y voit presque un "monstre odieux" et vitupère ce texte comme s' il était une mauvaise plaisanterie, quasi un "sarmatisme" et un bon–mot d'ivrogne.[13] C'est le dialogue entre Dieu Christ (*Sponsus*) et l'âme (l'homme, le poète = *Sponsa*). Le sacrifice de Jésus se transforme en banquet nuptial; le calice rempli de vin amer est considéré comme toast porté par le Sauveur *pro mundi salute.* Nous savons que le mot latin *salus* peut signifier à la fois le salut et la santé. Ainsi une habitude profane pénètre dans le sens théologique: le Fiancé (*Sponsus*) bois une coupe "à la santé" (et "pour le salut") du monde:

Epigramma CX: *Christi in cruce vox: Sitio*

Ah! Sitio, clamas, princeps pulcherrime rerum:
Non habeo pro te dulcia vina: siti.
Tu tamen, Ah sitio, clamas; dabo pocula, Sponse:
Heu mihi! Sed mixto pocula felle dabo.
Hec, mi Sponse, bibes: quaeris cui forte propines?
Ad me pro mundi, Christe, salute bibe.

Ici nous voyons évidemment que notre époque changea la manière de discerner *sacrum* et *profanum*. Nous (ou plutôt nos ancêtres déjà) perdîmes cette facilité de mêler l'ordre naturel et surnaturel. Mais certainement Sarbiewski gagna son but — on est étonné en lisant la pointe.

IV

L'épigramme ci–dessous n'inspire, elle non plus, trop d'enthousiasme des chercheurs, partiellement à cause de sa longueur, partiellement à cause des énumérations prolongées. Voyons le texte:

Epigramma VII: *Quis mihi det te fratrem meum, sugentem ubera matris meae, ut inveniam te foris?* (Cant 8, 1)

[A]*Quo tandem meus avolavit ille*
Formosissimus ille Natus, ille
Quo tandem meus avolavit Infans?
An iam Bethlemium reliquit antrum,
Natalesque casas, et hospitalis
Fortunata petit fluenta Nili?

[B]*Obstent culmina, fabulosus obstet*
Haemus, Pelion, Ossa, Pindus, Othrys:
Ut pulsum celer assequar Puellum,
Nimbis ocior, ocior procellis
Pergam: per saliceta, per rubeta,
Per deserta, per asperos hiatus,

[13] K. Stawecka, Maciej Kazimierz Sarbiewski — prozaik i poeta, op. cit., p. 184–185.

Per spineta, per illiceta pergam.

[C]*An rursus, pharias perosus oras,*
Damnato redit exul e Canopo,
Tranquillamque petit redux Idumen?
Ut pulsum celer assequar Puellum,
Stent inter scopulique, frondeisque
Silvae verticibus minentur inter;
Damis ocior, ocior capellis,
Vadam: per fruticeta, per vepreta,
Per dumeta, per invios recessus,
Per querceta, per aesculeta vadam.

[D]*An late Solymas peragrat oras,*
Et pinguis iuga calcat Hermonaci?
Carmelique super nivale tergum
Formosis spatiatur in viretis,
Qua circumfluus elegante ripa,
Singultantibus evolutus antris
Jordanes sonat, et remurmurantes
Sese fluctibus alloquuntur undae?
Ut pulsum celer assequar Puellum,
Pardis ocior, ocior leaenis
Curram: per siliceta, per fruteta,
Per pineta, per obvias paludes,
Per saxeta, per arboreta curram.

[E]*An nostri vitiis iniquus orbis*
Centum Taenarios triumphat hostes?
Stellarumque procul favente pompa
Phoebi scandit equos, et ordinata
Molli sidera temperat capistro?
Ut laetum celer assequar Puellum,
Fulgetrisque, curulibusve flammis,
Aurigantibus Africis et Euris,
Et blandis Zephyris Favoniisque,
Per lenes ferar inquietus auras,
Et desiderii vehente penna
Spirantum vehar essedo Notorum,
Vernarumque rotis Etesiarum.

[F]*Sed quo me rapit incitatus ardor?*
Ambo ludimur, ambo: dum Puellum

Quaero, quaerit et ipse me Puellus,
Et vastos procul obsecrat recessus,
Obtestatur agros, nihilque de me
Respondentia sciscitatur arva:
Sic et me fuga ludit et Puellum.
Stabo: quemque vagum nequit, videbo
An possit Deus invenire stantem.

Stawecka trouve cette épigramme être “loin de la compacité épigrammatique” et dit qu’il est difficile d’approuver ce texte comme réussi.[14]

Cependant j’ose citer ce texte *in extenso*, frappée par son charme et par le vers hendécasyllabe catullien plein d’inquiétude tendue. D’autre part tout cela sonne très harmonieusement, presque comme de la musique.

En outre, j’essaierai de comparer de cette œuvre poétique avec la forme musicale de fugue. Je vais le faire en amateur à cause de mon dilettantisme musical. Mais une remarque s’impose: la fugue est une forme développée à la base des ouvrages musicaux bien connus au XVIme siècle: *ricercar* et *sonata da chiesa.* L’analogie semble être presque automatique: le sens du mot latin *fuga* et italien *ricercar* est très convergent avec le thème de cette épigramme. Les premières fugues étaient connues au début du XVIIme siècle. Nous ne pouvons pas être certains si Sarbiewski se réfère consciemment à cette forme musicale, mais nous savons qu’il eut un sens musical et une bonne oreille sensitive.[15]

C’est la polyphonie qui est l’essence de la fugue. Il est difficile de parler de la polyphonie en cas de l’ouvrage littéraire. Mais on peut faire quelques comparaisons grâce à l’intersémiothique, à la synonymie et aux plusieurs figures de la sentence et du verbe. Nous le savons bien qu’un des traits caractéristiques de la fugue peut être indiqué par la présence de deux sujets: *dux* et *comes.* Etant donné que *comes* c’est une imitation de *dux* et qu’ en latin *dux* signifie “le commandant” et *comes* — “le compagnon” nous pouvons tenter de faire notre comparaison et “décoder” l’ouvrage. Les deux sujets, comme le *motto* révoquant le Cantique nous assure, sont *Sponsus* (*dux*), qui apparaît d’abord comme l’Enfant, et *Sponsa* (*comes*), le moi lyrique. Les fragments [A] et [B] peuvent être comparés avec l’exposition de la fugue: ici tous les deux sujets sont présentés à toutes les voix. Si l’on peut oser y aller, on peut aussi voir que dans le fragment [A] qui est la présentation du *dux*–Dieu Christ, la voyelle *a* (marquée dans le texte cité ci–dessus) se répète constamment. Sarbiewski lui–même exprima son opinion sur la nature des voyelles dans le traité *De virtutibus et vitiis carminis elegiaci.* Il croyait que: *A — Maiestatem, amplitudinem, excelsitatem mirifice*

[14] Ibidem, p. 180–181.
[15] Cf. S. Skimina, introduction [dans:] M.K.Sarbiewski, *Praecepta poetica,* op.cit., p. XXIV.

exprimit.[16] Le sujet — Enfant Jésus est en effet la personne auguste et magnifique: Dieu Incarné. Le moi lyrique reste pour le moment à l'ombre, il ne se montre que pour poser la question: *ubi est?* En outre, dans le fragment [B] présentant le *comes* c'est la voyelle *o* qui apparaît souvent. D' après Sarbiewski *O — Non videtur habere peculiarem vim ad repraesentandum affectum, videtur tamen quibusdam, si frequenter ponatur, clausum quid et angustum exprimere, aliquando obscurum.*[17] C'est une chose qui semble particulièrement à sa place quand on pense à l'âme humaine. Il est remarquable que le poète ne croyait pas l'allitération nécessaire dans l'ouvrage poétique: elle pourrait être justifiée par considération pour des effets musicaux et harmonieux.[18] Et dans notre épigramme l'allitération est utilisée sciemment comme réunie avec le sens. Par exemple dans le fragment [A][19] on peut voir que la consonne "l" et la voyelle "i" sont souvent répétées (*avolavit, ille Bethlemium, reliquit, hospitalis, Nili*). Sarbiewski écrit dans ses traités: *I — Rei cuiuspiam tenuitatem, subtilitatem et penetrabilitatem admirabiliter videtur exprimere.*[20] Nous savons bien que la consonne "l", comme liquide, peut imiter la tendance fugitive (cf. *Vitas inuleo me similis, Chloe* chez Horace).

Le fragment [B], dans lequel l'attention est concentrée sur le *comes,* indique la première étape de la recherche de Christ. Cette étape est marquée par le verbe *pergam* (se mettre en route). Ce n'est pas le chemin confortable. D'abord les premiers obstacles, imaginés par les montagnes grecques, sont faits par *traditio pagana,* cela veut dire par l'enchantement de l'héritage et la culture de la Grèce ancienne (c'est la source de la "théologie fabuleuse" expliquée par Sarbiewski dans le traité *Dii gentium*).[21] Au sens allégorique cette recherche signifie la

[16] M. K. Sarbiewski, *Praecepta poetica,* op. cit., p. 165.

[17] Ibidem, p. 166. Pour affirmer cette supposition nous pouvons citer l' épigramme, dans laquelle ces jeux de voyelles et de mots sont particulièrement visibles:
Epigramma XXIV: *Amor Divinus*

Cor mihi clamat, Amor clamat; Cor dormit, et ille.
Ambo tacent: surgit Cor mihi, surgit Amor.
Cor mihi plorat, Amor plorat: Cor ridet, et ille.
Ambo canunt: plaudit Cor mihi, plaudit Amor?
Tene verecundi, Cor, Amoris dixero fratrem?
Tene mei, fratrem dixero Cordis, Amor?
Nescio, quid sit Amor Cordi, quid Cor sit Amori:
Hoc scio, quod totus Cor ego, Christus Amor.

[18] *Vitanda est in initio, et in fine vel medio eiusdem repetitio et litterae, et syllabae* [...]. *Interdum tamen aurium sensus hanc repetitionem syllabarum propter repraesentationem rei mirabilem grate accipit.* M.K. Sarbiewski, *De virtutibus et vitiis carminis elegiaci,* op. cit., p. 162.

[19] Les marques [A], [B] etc. sont posées par moi.

[20] Ibidem, p. 166.

[21] Cf. Jacek Bolewski S. J., Paweł Kapusta S. J., M. C. Sarbiewski's Fabular Theology dans *Mathias Casimirus Sarbievius in cultura Lithuaniae, Poloniae, Europae,* op. cit., p. 137–156. P. Urbański, *Theologia fabulosa. Commentationes Sarbievianae,* op. cit.

contemplation de la vie de Jésus (ou particulièrement la lecture de l'Evangile). Au sens littéral elle est imaginée par la hypotypose (énumération mettant sous les yeux les détails de la route: saussaie, arbustes de ronces, déserts, abîmes aspres) qui sera modifiée et imitée aux manières diverses dans les fragments suivants. Comme dans ce fragment, dans les passages suivants on voit aussi plusieurs figures de mots telles que: *geminatio,* épanadiplose, homéoptote, homéotéleute. Ces derniers sont liés souvent avec le synathroísme qui apparaît aussi indépendamment (comme *Haemus, Pelion, Ossa, Pindus, Othrys*).

Comme d'abord les montagnes, dans le passage suivant, marqué [C], ce sont les rochers et les forêts qui séparent le poète de l'Enfant. Ces dernières sont le symbole du pêché et du danger déjà chez Dante (et certainement avant lui). Ce passage est organisé autour du verbe *vado* (aller). Le poète, plus vite que les gazelles, plus vite que les chamois, ira par des nouvelles broussailles, maquis d' épines, fourré, fausses routes et chênaies.

Dans le fragment [D] la vitesse augmente et tout est organisé autour du verbe *curram.* Ici la recherche semble la chasse (*venatio*): le poète voudrait courir plus vite que les animaux féroces.

Dans le passage [E] le poète, prêt à chercher Jésus même dans le Ciel, construit une fiction métaphorique. C'est "l'aviation" organisée autour du verbe *vehar.* Nous avons presque sous les yeux un char à qui sont attelés les vents comme charretiers. Certains vents sont aussi utilisés comme la matière du char et même comme les roues. Mais quelle est la force qui serait capable d'enlever le char? C' est *desiderium,* la langueur qui donne des ailes à l'âme.

Quand le poète dit: *Sed quo me rapit incitatus ardor...,* comme s'il craignait que son espoir soit plus grand que le résultat, cela signifie nettement que nous approchons à la fin de sa fiction poétique. La pointe est inopinée: il faut s'arrêter pour pouvoir trouver Celui qu'on ne pouvait pas attraper en cherchant. Mais ce n'est que l'espoir (l'attente) qui reste. C'est la fin de notre "fugue".

Voyons les épigrammes ci–dessous qui soulignent ces motifs (langueur, recherche, évasion mutuelle) utilisant plusieurs figures. D'abord la "récapitulation" de la "fugue" ci–dessus:[22]

Epigramma XVII: *Revertere, Sulamitis* (Cant 6, 12); *Revertere, Dilecte* (Cant 2, 17).

Insequeris, fugio: clamasque, revertere, Jesu:
Et reduces ad te flecto repente vias.
Insequor, ipse fugis: clamoque, revertere, Jesu:

[22] Tous les deux épigrammes peuvent être comparées avec l'ode II 19 *De sacro Salomonis Epithalamio,* tissue à la base du verset du *Cantique*: *Similis est dilectus meus capreae hinnuloque cervorum.*

Et faciles ad me flectis, Amice, vias.
Assequeris, fugio: fugis, assequor: o bonus error!
Obsequii felix o in amore fuga!
Ad te, ne fugias, tua me fuga, Christe, reducet:
Dux tibi ne fugiam, vel meus error erit.

Ici les isocoles parallèles sont réunis avec une sorte de polyptote: la répétition des mêmes mots sous plusieurs formes grammaticales (*Assequeris*, *fugio*, *fugis*, *assequor*), souvent avec des effets de paronomase (*error erit*). Il y a aussi des allitérations et des autres répétitions, y compris des anaphores (*Et*) et des exemples d' utilisation du même mot à la fin des verses (*vias, Iesu*). Les effets semblables sont visibles dans le texte suivant, traitant le cliché typique du baroque:

Epigramma XIX: *Epitaphium vivo*

Et vivo, et morior. Quid inanes demoror auras?
Quid iuvat, ambiguis nectere fata moris?
Construe perpetuis halantem floribus urnam,
Et tumulum nobis pone superstes, Amor.[23]
Hic sepeli miserum, et lacrimis adsperge iacentem,
Et duo marmoreis carmina caede notis.
Et vivo, et morior. Possis in amore, viator,
Et quo vivo, mori; et vivere, quo morior!

L'épigramme suivante exprime l'Amour Divin en utilisant assez audacieusement, mais sans aucun dommage pour le sens allégorique, le lieu commun typique à l'amour profane (captivité d'amour):

Epigramma XIV: *Trahe me post te*: *curremus* (Cant 1, 4)

Mi Jesu, sine te per opaca, per invia tendam;
Et potero longas te sine ferre moras?
Felix, ah felix olim tua Magdala, quae se
Nexuerat vinctis ad tua crura comis!
Sic comes illa tuum nunquam linquebat amorem:
Tu captivus eras illius, illa tui.
Altera, ne dubites, ego sum tua Magdala, Christe:
Ergo trahas vel me, Sponse, vel ipse mane.

La prédilection de Sarbiewski aux jeux phonétiques est particulièrement évidente dans le texte ci–dessous reprenant le sujet de la recherche et de la langueur amoureuse. Ici, comme chez Pères qui proclamaient la *theoria physica,*

---

[23] Le motif semblable est posé par Sarbiewski dans l'ode I 19 (*Ad coelestem adspirat patriam*).

Dieu est présent au monde. L'amour de Dieu, comme dans le Psaume 19 (*Coeli enarrant gloriam Dei*), est presque inscrit à l'Univers et à sa nature:

Epigramma XXIV: *Nuntietis ei, quia amore langueo* (Cant 5, 8)

Porrigo dum terris aures, dum surrigo coelo:
*Clamat, **ama**, tellus; clamat Olympus, **ama**.*
*Sint irata licet, gelidum **mare** suadet **amare**,*
*Fulgur **amore** micat, fulmen **amore** tonat*
*Aura tuos ignisque mihi commendat **amores**,*
Saxa repercussis vociferantur aquis.
Non opus est, posthac nobiscum, Christe, loquamur:
***Orator** nostri mundus **amoris** erit.*

Les expressions telles que *clamat, ama* ou *mare suadet amare* font vraiment entendre un "écho d'amour" parmi tous les éléments de l'Univers.

V

Les épigrammes citées dans cet essai montrent suffisamment la grande virtuosité de notre poète. Il connaissait très bien l'art poétique et savait suivre ses règles. Mais pour le poète l'art n'est pas tout. Dans son traité Sarbiewski vitupéra l'art pour art:

> *Fit enim persaepe, ut natura suopte ingenio fecunda et ex nativa vi ad inveniendum facillima nimia praeceptorum diligentia obruatur suumque magnopere vigorem labefactet, celeres vero ingenii motus cunctatione quadam consilii et artis retardet.*[24]

Autrement dit, un poète doit connaître et obéir son esprit et sa nature. Et c'est le cas de la poésie de Sarbiewski. Elle doit son caractère à l'esprit et à la personnalité du poète. Elle exprime, comme nous pouvons observer, ses états émotionnels. Parmi eux, je voudrais souligner la solitude, la langueur et le soif de l'Amour.

[24] M.K. Sarbiewski, *De acuto et arguto,* op. cit., s. 14. D'autre part, dans *De perfecta poesi* (op. cit. loc. cit.) Sarbiewski traite des épigrammes comme une sorte d'exercise et concours.

Die lateinischen Gedichte Georgs III., Graf von Oppersdorff aus Oberglogau

JOANNA ROSTROPOWICZ

Georg III. von Oppersdorff ist in Schlesien besonders als Mäzen der Kultur bekannt, der im oberschlesischen Oberglogau ein bedeutendes kulturelles Zentrum geschaffen hat. Viel weniger ist er bekannt als Dichter, obwohl er zwei Emblembücher, dramatische Dialoge und andere Dichtungen sowohl in lateinischer als auch in deutscher Sprache verfasste. Darüber hinaus malte er, spielte Spinett, komponierte und trat auch als Schauspieler auf. Bis jetzt wurde seinem literarischen Schaffen nicht viel Aufmerksamkeit geschenkt,[1] obwohl seine Dichtungen aus mehreren Gründen Interesse wecken könnten: Erstens ist das dichterische Niveau nicht gering, zweitens sind die Dichtungen ein gutes Zeugnis der geistigen Kultur im Schlesien des 17. Jahrhunderts.

Das Geschlecht Oppersdorff lebte in Schlesien schon seit dem 15. Jahrhundert. Im 16. Jahrundert erhielt Hans von Oppersdorff die Stadt Oberglogau vom österreichischen Kaiser Rudolph II. (1576–1595) als Pfand; seit dieser Zeit befand sich das Eigentum in den Händen der Familie bis 1945. Heute bietet das ehemals prunkvolle Schloss ein jämmerlichen Anblick.

Der Dichter Georg III. wurde als Sohn des Georg II. Oppersdorff und Isolda von Waldstein am 4. Juli 1588 in Lomnitz (Böhmen) auf dem Gut der Wallensteins geboren. Zu Hause erhielt er seinen ersten Unterricht. Seit dem 11. Lebensjahr lernt er in den Jesuitenkollegien und Akademien — in Glatz, dann in Olmütz (dort war er in den Jahren 1603 bis 1605), zuletzt in Graz (1606–1608). Wir wissen, dass Georg von Oppersdorff während seiner Studien in Olmütz besonders eifrig die römische Literatur studierte, genauer: die Dichtung und Rhetorik. Diese Ausbildung spürt man deutlich an seinen Werken.

---

[1] Das Lexicon der oberschlesischen Schritfsteller, herausgegeben von F. Heyduk 1990, erwähnt nur die wichtigsten Werke, schreibt jedoch nichts Näheres. A. Lubos, Geschichte der schlesischen Literatur, Bd. 1–3, München 1960–1974, erwähnt Oppersdorff nur als Mäzen der Kultur. Auch Th. Konietzny, der beste Kenner der Geschichte des Oberglogauischen Kulturzentrums, erwähnt nur seine Werke, ohne eine nähere Betrachtung. — Vgl. T. Konietzny, Die Schlossbücherei von Oberglogau, "Schlesische Geschichtsblätter" 1937, Nr. 3, S. 86–91. Über Oberglogau und das Geschlecht der Oppersdorffer: H. Schnurpfeil, Geschichte und Beschreibung der Stadt Ober–Glogau in Oberschlesien, Oberglogau 1860. Allgemein über die Dichtung von Georg von Oppersdorff: J. Rostropowicz, Georg III. von Oppersdorff, ein neulateinischer Dichter aus Oberglogau, in: Die oberschlesische Literaturlandschaft im 17. Jahrhundert, hrg. von G. Kosellek, Bielefeld 2001, S. 125–134, und Kilka uwag o edukacyjnej roli łacińkiego teatru na Górnym Śląsku i twórczości dramatycznej Georga III Oppersdorffa w Głogówku, in: Kultura edukacyjna na Górnym Śląsku, red. A. Barciak, Katowice 2002, S. 238–247.

In Graz widmete er mehr Aufmerksamkeit der Philosophie — er hörte dort die Vorlesungen des Jesuiten Heinrich Philippi.

Das literarische Schaffen hat Georg von Oppersdorff gewiss Freude gemacht, was die Zahl seiner Werke bestätigt. Er schrieb wohl das ganze Leben, aus verschiedenen Anlässen. Der begrenzte Rahmen dieses Aufsatzes erlauben nicht, ausführlich sein Schaffen zu schildern und tiefer seine Werke zu betrachten. Aus diesem Grund werde ich nur den zwei lateinischen Emblembüchern meine Aufmerksamkeit widmen.

Die Emblembücher befinden sich in zwei Sammlungen, in denen sich auch mehrere andere den zwei verstorbenen Ehefrauen gewidmete Werke befinden. Die Dichtungen wurden in Schlesien gedruckt, und zwar die erste Sammlung in seiner eigenen Druckerei in Oberglogau, weswegen sich in Schlesien mehrere Exemplare befinden.

Das erste Buch unter dem Titel *Theatrum posthumi honoris Benignae Polyxenae Promnicianae S. R. I. Comitissae ab Oppersdorff* wurde 1631 herausgegeben, gleich nach dem Tode seiner Frau. Das zweite Werk *Monimentum amoris nobilitati Esther Barbarae Comitissae ab Oppersdorff posuit Georgius S. R. I. C. ab Oppersdorff* (Denkmal der Liebe, das Georg von Oppersdorff für den Ruhm der Esther Barbara, Gräfin von Oppersdorff, gesetzt hat) kam 1645 heraus. Für die Geschichte der oberschlesischen Literatur sind die zwei Werke von großer Bedeutung: Hier hat der Dichter aus Oberglogau seine Kunst gezeigt; aufgrund dieser Werke darf er zu den bedeutenden Schöpfern der oberschlesischen Literatur gezählt werden.

Die Gattung des Emblems erfreute sich in der Epoche des Barocks großer Popularität, und auch Georg von Oppersdorff hat es — angeregt durch seine humanistischen Studien — gepflegt. Es lohnt sich zu unterstreichen, dass sich in der Bibliothek des Oppersdorff ein Emblembuch des damals berühmten Andreas Alciatus befand.

Die Gattung entwickelte sich im Zweitalter der Renaissance; Inspiration dazu gaben wahrscheinlich die Epigramme der Griechischen Anthologie, die sich in Europa im 16. Jahrhundert großer Popularität erfreuten. Man übersetzte sie ins Latein und in moderne Sprachen. Im Altertum begleiteten Epigramme verschiedene Gegenstände. In dieser Vereinigung eines Bildes (bzw. einer Skulptur) mit einem Gedicht steckte nämlich ein tiefer Sinn: Das Bild und die mit den Worten ausgedrückte Idee ergänzten und erklärten sich. So sah und verstand die Gattung Andreas Alciatus, der 1531 ein Buch mit dem Titel *Emblematum liber* herausgab. Sein zweites Buch aus dem Jahre 1542 ist Beispiel dafür, dass die *Emblemata* schon damals eine dreigliedrige Komposition gehabt haben: Das erste Element war eine Aufschrift, das die Rolle eines Titels spielte; später entwickelte sich daraus ein Motto (eine Sentenz), das man auch Lemma nannte. Das zweite Glied war ein Bild, das dritte die sogenannte Subskription, in der man die Idee der Inschrift entwickelte. Grundsatz war natürlich, dass der Sinn des Bildes am besten dem Inhalt des Gedichtes entsprach. Das Motto, anders gesagt Epigraph oder Inskription — wurde für Seele des Emblems gehalten, das Bild — für den Leib, und die dichterische Inskription — für *animus,* also Geist, Verstand.[2]

Einen großen Beitrag zur Entwicklung der Emblematik leisteten die Jesuiten. Sie sahen in dieser Gattung ein wertvolles Mittel zur Beeinflussung der Menschen: Durch die Verbindung von Wort und Bild konnten viele Emotionen ausgelöst werden. Es ist daher nicht verwunderlich, dass Georg von Oppersdorff, der bei den Jesuiten seine Bildung erhalten hatte, auch emblematische Bücher geschrieben hat.

Widmen wir unsere Aufmerksamkeit dem ersten Emblembuch. Es umfasst 44 Epigramme, die von dem Verleger auf der rechten Seite gesetzt wurden, die Bilder befinden sich auf der linken Seite. Das Buch beginnt mit einer prosaischen Einleitung, in dem der Autor das Thema seiner Dichtungen darstellt:

> *struxi sacras, struxi et profanas areas, eduxi palatia, hortos, aquas, vivaria et quae in decus ac ornamentum generis occurrebant; mihi et tibi thori socia o cara Benigna ad usum, et communes cum prole in Domino delicias, et pauperum auxilium, quia Deus uberem mihi dedit benedictionen.*
> *Sed heu! cecidisti corona de capite meo o Benigna! Et tecum cecidit gloria mea, cecidit aedium sacrarum pietas et sanctitas, cecidit aedium et palatium decus, cecidit illustris domus ornamentum, cecidit suaveolentium flos hortorum, cecidit jucunditas aquarum, amanitas vivarium, cecidit levamen pauperum ...*

Der Tod seiner Frauen, zuerst Benigna Polyxena, dann Barbara Esther, gibt dem Dichter Gelegenheit, in seine Dichtung die im Zeitalter des Barocks herrschende Anschauung darzustellen: Es geht um Liebe, die, wie man es damals verstanden hat, in natürlicher Weise die Seele eines Menschen zum Herrgott führt. Aber der Mensch liebt nicht nur den Herrgott, der Mensch liebt auch das Weltliche. Der Mensch lebt zerrissen zwischen zwei Lieben — der Liebe zu Gott und der Liebe zur Welt. Das Zeitalter des Barocks verlangt eine dramatische Auswahl: Die Wahl zwischen Gott und Welt. Oppersdorff löst das Dilemma nach dem Muster der Jesuiten, so, wie es schon der berühmte Hugo Hermann in seinen *Pia desideria* behandelte. Nach dem Grundgesetz des hl. Ignaz Loyola, der das Denken der Epoche stark beeinflusste,

---

[2] J. Pelc, Emblematy, książki emblematyczne. Problemy teorii a praktyka twórców (Embleme, emblematische Bücher. Probleme der Theorie und der Praxis der Autoren), w: Barok. Historia — Literatura — Sztuka, III/1 (5) 1996, S. 34.

kann man die Sinne des Menschen, die so oft zu Sünden führen, seelisch vervollkommnen und dadurch den Menschen zu Gott führen.

Die Tendenzen der Epoche spiegeln sich klar in der Dichtung des Oppersdorff wider. Als Beispiel schauen wir uns näher das erste Epigramm an. Der Titel lautet: *Sic astra petivit.* Auf dem Bild sehen wir eine Kemenate. Im Zentrum des Zimmers befindet sich ein prächtiges Bett, auf dem zwei Gestalten sitzen: ein Mann und eine Frau, sie umarmen sich. Hinter den Wolken sehen wir den Herrgott, den Vater und den Sohn. Zwischen dem Himmel und der Erde befindet sich folgendes Motto: *Nemo venit ad me, nisi Pater qui misit me traxerit eum* (Joannes, 6, 44). (Niemand kommt zu mir, wenn ihn der Vater, der mich gesandt hat, nicht zu sich zieht).

Also ein Motto, das die Menschen zum Nachdenken führen soll. Der Gedanke des Mottos wurde sehr eindrucksvoll in diesem Bild dargestellt: Gottvater hält in Seiner Hand einen langen Stock, mit welchem er das Herz aus dem Körper der Frau zu sich zieht. Der Gedanke wird im Epigramm wie folgend erläutert:

Stabat in amplexu cum dulci corde mariti
Cor, cum "seiungam vos" Deus inquit "ego".
Et subito carum de caro corde mariti
Cor trahit et Christo dedicat ipse suo.
Excipit hanc Christus, pia mens laetatur Olympo,
Linquitur ast maestus proh sine corde comes.
Ergo Deum numquam cessabit adire relictus,
Donec cor patria iungat utrumque sua.

Das Epigramm ist stark religiös geprägt. Der Dichter verwünscht nicht das böse Schicksal, er ist vollkommen mit dem Willen Gottes einverstanden; er glaubt vielmehr, dass er im Himmel seine liebe Frau wiedersehen wird. Ähnliche Gedanken durchdringen die ganze Sammlung.

Von besonderem Interesse ist Georg von Oppersdorff stemmatische Dichtung, in der das Wappen der Verstorbenen gewissermaßen deren Identität übernimmt. Zu den wichtigsten Elementen von Benignas Wappen gehörten zwei Sterne und ein Pfeil im ersten Feld, bunte Bänder im zweiten und ein Löwe im dritten. Dieser Elemente hat Oppersdorff in erstaunlich schöne Bilder gefasst.

Bekanntlich ist der Stern ein Motiv für die erotische Poesie, und glücklicherweise sind Sterne im Wappen der Benigna. So wird ein Stern in dieser Sammlung sieben Mal zum Hauptthema der Dichtung; siebenmal haben wir Gelegenheit, uns von der Originalität des Dichters zu überzeugen. Im Bild, das dem zweiten Epigramm folgt, sehen wir ein Stern, der sich über den geöffneten Sarkophag erhebt und zum Himmel richtet; dort wird er von einem Engel erwartet. Der Titel, anders gesagt, die Inskription, lautet: *Inter sidera sidus* — Ein Stern unter Sternen. Dann stellt der Dichter eine Frage:

Prumniciae quorsum festinant astra Benignae
Ocius humanas linquere iussa plagas?

Auf die Frage antwortet er selbst:

Virtutis subvecta rotis nituntur in oras,
Unde venit radio candidiore dies.
Sat sparsere sui peregrina in sede nitoris
Est stellae patrius coelica meta locus.

Diesem kleinen Gedicht kann man Finesse und Eleganz nicht absprechen.

Die künstlerischen Fähigkeiten des Georg von Oppersdorff kommen auch bei Emblemen zur Geltung, in denen das Motiv der Pfeile auftritt. Die Symbolik des Pfeils ist seit dem Altertum mit Liebe verbunden: Pfeil ist das Attribut des griechischen Eros und des römischen Amor. Der Pfeil als Bestandteil des Wappens der verstorbenen Benigna wurde zum Thema von neun Emblemen. Der Dichter, erzogen in den Schulen der Jesuiten, nutzte aber das Motiv auf eine andere Weise als die alten Griechen und Römer. Im 7. Emblem ist zu sehen, wie ein Reih durch einen Pfeil verwundet wird und sich das Wappen der Benigna zum Himmel erhebt. Die Inskription lautet: *Ad vitae saucia fontes* — verwundet zu Quellen des Lebens. Im Epigramm sagt der Dichter, dass das Herz der Benigna, mit dem tödlichen Pfeil durchbohrt, zur Quelle des Gottes eilt, sowie ein verwundetes Reh, das im kaltem Wasser Linderung sucht. Im Gegensatz zu der *Griechischen Anthologie*, wo das Motiv des Pfeiles zur Darstellung der Liebe genutzt wird, wird die Symbolik des Pfeiles bei Oppersdorff mit religiösem Inhalt erfüllt. In seinen Epigrammen geht es um Liebe des Menschen zum Gott in einem solchen Maße, dass eine liebende Gattin ihren Ehemann sogar mit Freuden verlässt — sie liebt Gott stärker als diesen Ehemann. Es sei hier noch auf eine Besonderheit hingewiesen: In der Inskription hat der Dichter das Wort *saucia* gebraucht, ein Wort, das in der Liebestopik der römischen Literatur nicht selten für die Bezeichnung einer mit dem Pfeil der Liebe durchbohrten Person vorkommt. Hier nur ein Beispiel: (Vergil Aen. IV 1): *At regina gravi iamdudum saucia cura.*

Auch die Bände die sich in dem zweiten Feld des Wappens Benignas befinden, übernehmen die Persönlichkeit der Verstorbenen: Sie ist zu einer den Himmelskreis zierenden bunten Iris geworden (Ep. 3). Die Farben der Bänder bezeichnen das Leben und den Tod, die Erde und den Himmel. Als Benigna stirbt, erheben sich die hellen Farben zum Himmel, die dunklen bleiben auf der Erde und bedecken ihren Ehemann wie mit einem Trauertuch (Ep. 23).

Oppersdorff nützt für die Zwecke seiner Dichtung den grossen Bilderreichtum der Natur. Die Schönheit der Blumen, der Zauber der Weingärten; der Reiz der Felder und Wiesen füllt die kleinen, mit leichter Hand geschriebene Werke. So etwa spricht der Dichter im 20. Epigramm von mit Frühlingsblumen geschmückten Wiesen, von Gärten voller Blumen, die Benigna auf der Erde bewundert hat. Dem Dichter ist bewusst, dass die Schönheit der Welt vergeht. Benigna ging in den Himmel ein; dort ist unvergänglicher Frühling.

Im 18. Emblem wird Benigna mit reifen Weintrauben verglichen: Der Tod setzte seine Sense an, schnitt die schönste Reibe ab. Doch der Dichter verzweifelt nicht, er ist mit dem Schicksal einverstanden: *nata sed haec ut meteretur erat* — sie ist zur Welt gekommen, um abgemäht zu werden. *Ante oculos, animam nunc pascet* — vorher hat sie die Augen genährt, jetzt wird sie die Seele nähren; der Dichter ist überzeugt, dass ihm die Verstorbene den Kelch des himmlischen Weines reicht: *si acceptas, caelica vina dabit.* Von Oppersdorff geht beim Gebrauch von Symbolen eigene Wege. Im 16. Epigramm *Lilia mixta rosis* gibt er ein überraschendes Bild weißer Lilien mit roten Rosen:

Candida cum roseo miscentur lilia vultu
et gemino facies una colore nitet
Pingere consuevit castus pudor ora Benignae,
Nix velut aspergi sanginis imbre solet.

Der Leser, der mit der Dichtung der Griechen und Römer vertraut war, wird hier erwarten, dass der Dichter von der Schönheit der Geliebten, die beim Dichter erotische Emotionen auslöst, sprechen wird. So bei Vergil, der wohl den Oppersdorff hier inspirierte (Aen. XII 66–68):

Indum sanguineo veluti violaverit ostro
siquis ebur, aut mixta rubent ubi lilia multa
alba rosa: talis virgo dabat ore colores.

Bei Oppersdorff nichts desgleichen. Das Weiß der Lilien und das Rot der Rosen sind Farben, die das Gesicht der Benigna vor Schande rötet.

In demselben Geist sind die restlichen Werke in dieser Sammlung geschrieben. *Luctus ex funere insperato obortus* ist ein Prosawerk, in dem die Oberglogauer einen Dialog mit der Ratio. Die Oberglogauer trauern über den Tod der guten Gräfin — der Verstand tröstet sie: *Mors non reveretur splendores, divitias, non miseretur inopiae, non sapientiae: non majoribus, non aetati parcit:*

Civitas: sed lugemus Dominam subditis ac servis ereptam. Hier hören wir einen Lob der Verstorbenen — sie war eine gute Herrin, sie hat die Hungrigen gespeist, sie war Mutter der Armen. Der Dialog endet mit der Mahnung nicht zu trauern — *Patria in Domino morientium paradisus coelestis computatur* — "Die Heimat derer, die im Gott sterben, ist das himmlische Reich"; dort erwarten Benigna ihre Eltern, ihre Brüder, Kinder und eine Schar Heiliger.

Auch in einer anderen Dichtung unter dem Titel *Dialogus lacrymabilis* unterhalten sich Menschen über den Tod der Benigna — der Dichter selbst, die Armen, die Frauen aus der Umgebung der Gräfin, ihre Freundin. Hier erscheint wieder das Motiv der guten Herrin: Benigna wird hier zur Heiligen, sie ist die zweite hl. Hedwig:

Altera Slesiadum Princeps, et Mater egentum
Hedwigis periit, nostra Benigna Comes.

Der Dichter glaubt, dass ihr Ruhm sich auf ganz Schlesien verbreiten wird — *nec tua Slesiacis fama silescat agris.*

Die Dichtungen des oberschlesischen Grafen sind stark mit dem für Barock typischen Motiv der Vergänglichkeit sowie mit einer tiefen Religiosität durchdrungen. Noch mehr kommen die Gedanken zu Wort in dem zweiten Emblembuch, gewidmet der zweiten verstorbenen Ehefrau, Barbara Esther von Meggau, der Tochter des Grafen Ferdinand Helfrid, der in dem Kampf bei Weißen Berg 1620 gefallen ist. Als Barbara Esther den 46–jährigen Grafen von Oppersdorff geheiratet hat, war sie 16 Jahre alt. Sie gebar im zwei Söhne und drei Töchter. 10 Jahre nach der Hochzeit ist sie nach einer schweren und langen Krankheit verstorben. Das Emblembuch, das der Graf für sie geschrieben hat, unterscheidet sich wesentlich von dem ersten Buch. Hier finden wir fast keine stemmatische Gedichte, das nicht schwer zu erklären ist. Das Wappen der zweiten Ehefrau war nicht so reich ausgebaut die das Wappen der ersten, deswegen hatte der Graf nicht viel Gelegenheit, die Elemente des Wappens dichterisch zu bearbeiten. Auch die Quellen der poetischen Inspiration sind völlig verschieden: Beim ersten Emblembuch schöpfte der Graf reichlich von der römischen Literatur und antiken Mythologie. In der ersten Sammlung finden wir viele Anspielungen auf die Literatur der alten Römer, die Inskriptionen stammen von den Dichtungen des Vergils, Ovids, Tibulls, Martials, Senecas, Statius'. Wir gewinnen den Eindruck, dass Oppersdorff diese Dichter sehr gut kennt. In dem zweiten Emblembuch bedient sich der Dichter fast ausschließlich des Reichtums der Symbolik des Alten und Neuen Testaments. Das erste Emblembuch ist überwiegend eine Sammlung von inhaltlich verschiedenen Epigrammen, die nur durch das Motiv des Todes der Benigna verbunden sind; das zweite Buch zeichnet sich durch eine auserlesene Komposition aus: 40 Epigramme sind auf vier Teile geteilt, auf jeden Teil entfallen 10 Werke. Im Zentrum der Dichtungen im zweiten Buch steht Christus.

Nach dem Vorbild der Embleme des Hugo Hermann und der emblematischen Dichtung des Zeitalters des Barocks, wird Christus als der wahre *sponsus*, die wahre Liebe, zu dem die Seelen eilen. Man gewinnt den Eindruck, dass der Dichter nicht dem Schmerz um die Verstorbene Ausdruck verleihen, sondern ein Beispiel völliger Hingabe an Gott und christlichen Handels geben wollte.

Die erste Seite dieses Emblembuchs füllt ein Bild mit einem tiefen religiösen Inhalt. Übereinstimmend mit der Maniere des Barocks, herrschen in diesem Bild die Vergänglichkeit und Tod, der immer unverhofft kommt. Im Zentrum des Bildes sieht man vier Obelisken, jeder von ihnen symbolisiert einen der vier Teile des Buches, die folgend betitelt sind: *Vota, Gemitus, Suspiria, Responsus.*

Der erste Teil — *Decem vota in sanitate* — umfasst zehn Gedichte, durchdrungen von einer tiefen Religiosität. Aber nicht nur von der Liebe zu Gott spricht der Autor — er spricht auch von der Liebe des damals 16–jährigen Mädchens zu ihm. Wenn man ihm glauben würde, träumte das junge Mädchen nur vom einem: den 30 Jahre älteren Grafen zu heiraten (*Votum quintum*, V. 2–4):

Nunc opus, o casti Deus author et altor amoris,
nunc desideriis annue, quaeso, meis.
Unum corda duo fiant, velut una duabus
Quae defluxerunt, cernitur unda ab aquis.

Der Herrgott, der den Eheleuten reich gesegnet hat, sie hatten doch 5 Kinder, nimmt eins zu sich. Barbara Esther weint jedoch nicht, sie bittet nur, der Herrgott möge die anderen Kinder bewahren, dass sie in der Zukunft dorthin kommen, wo jetzt das glückliche verstorbene Kind ist. Esther ist völlig mit Gott vereint, sie bittet nur, sie in ihren Leiden zu unterstützen, so wie eine Rose durch eine Stütze unterstützt wird (*Votum decimum*). Der schöne Gedanke verbindet den ersten Teil mit dem zweiten — *Decem gemitus in morbo supremo.*

Hier findet die typische Anschauung des Barocks Ausdruck: Vergänglichkeit. Die junge Ehefrau ist schwer krank. Sie ist bewusst, dass sie langsam stirbt. Sie trauert nicht um das Leben, sie weiß, dass es alles vergeht, nur das eine ist wichtig: die Liebe zu Gott, eine volle Hingabe. Das Leben eines Menschen wird hier zu einem Schiff auf hohem Meer verglichen, umgeben von Wellen. Auch ein anderes Motiv, typisch für die Dichtung der Zeit des Barocks, wird von Dichter kunstvoll bearbeitet: die Symbolik des Mähers, des Schnitters. Es erscheint die Gestalt eines Totengerippes mit Sense in der Hand; das Totengerippe mäht Blumen, Gras, Kräuter und macht es zum Heu (*Gemitus octavus*):

Omnis caro foenum
Haec illa vultus decora quae speculum mihi
Quondam venusto dederat intuitu? Rosae
Hae sunt genarum? Crispus hic frontis nitor?
Ut flos ab agro qui suum tollit caput;
Sic ego priores duxeram vitae dies:
Nunc mihi cadenti flosculo foenum est super.
Vah quam potenter Vanitas ludis Tuos!

In mehreren Epigrammen erscheint der Gott als Gärtner, der um seine Pflanzen sorgt. Er sorgt, dass sie schön wachsen, er beschneidet sie mit einer scharfen Schere und schneidet unnütze Äste ab. Das tut den Bäumen weh; so leidet auch Esther, aber ihr ist bewusst, dass sich durch die Leiden ihr Charakter vervollkommnen wird.

Der dritte Teil unter dem Titel *Decem suspiria in agone* stellt die Erlebnisse Esthers im Sterben dar. Es sind wahre Perlen der Barockdichtung. Der Dichter beschreibt verschiedene Zustände seiner Frau. Sie fühlt Angst, aber gleich danach spricht sie sich Mut zu. Sie weiß, dass sie in einer Weile vor Gottes Gericht kommt. Voll Angst, bittet sie den Herrgott (*Suspirium quartum*):

Sed pande, quaeso, carcerem,

Endlich erscheint der Herrgott — er erscheint wie ein Bräutigam. Die Begegnung mit Christus ist eine Begegnung mit dem Geliebten. Wie bei einer Hochzeit, so brennen auch hier die Fackeln, und wir finden hier eine schöne Anspielung auf die *prudentes virgines*, die gewacht und auf den Bräutigam mit vollen Öllampen gewartet haben (*Suspirium sextum*):

Ecce sponsus venit
Ardesce flamma lampadis,
Oleumque nutri flammulam,
Non est remotus Sponsus hinc,
Cui tempus exire obviam.
Ardesce: jam prae foribus est,
Tibique dextram porrigit.

Die Anspielungen auf das Evangelium des Matthäus 25,1–15 ist offensichtlich. Der Titel dieses Gedichtes ist direkt diesem Evangelium entnommen (vgl. Matth. 25,6), auch manche Redewendungen erinnern daran: *Exire obviam* — *Exite obviam Ei* (Matth. 25,6). Der Tod ist wie der Abend, der den müden Tieren das Joch abnimmt. *Suspirium septimum* ist betitelt: *Inclinata est iam dies* — vgl. Lukas 24,29. Zu fast jedem Gedicht dieses Bandes kann man in der Heiligen Schrift ganze Sätze und Gedanken finden.

Der vierte und letzte Teil dieser Sammlung umfasst zehn kleine Gedichte, in denen Esther zu ihren Lieben aus der jenseitigen Welt spricht. Sie gibt ihnen gute Ratschläge wie z.B.: *Punctum cernite, immensa cogitate* (*Responsum secundum*); *Quae corda mersa terreis,/ Coelo minus propinquant.*(*Responsum tertium*). Esther ist glücklich, dass sie in der Welt so schwer gelitten hat, weil sie jetzt im Himmel ist (*Responsum septimum*:)

Patientia fert rosas:
Me spina morbi multiplex
Vepresque tot dolorum,
Exercuere fortiter
Ad usque mortis horam:
Nunc laeta punctionibus
Mortisque senticero;
Patientia mihi germinat
Semper rosas rubentes.

Diese Sammlung endet mit einem längeren Gedicht, in dem der Graf den Herrgott bittet, alle drei Herzen im Himmel zu vereinen: sein eigenes Herz mit den Herzen der zwei verstorbenen Ehefrauen.

Der kurze Übersicht erlaubt festzustellen, dass wir Oppersdorff nicht zu den schlechtesten Dichtern des schlesischen Barocks zählen können. Das beweisen seine lateinischen Epigramme, die sich zwar inhaltlich von denen der Anthologia Palatina unterscheiden, in formaler und stilistischer Hinsicht jedoch nach den Regeln der altgriechischen und altrömischen Poesie gebaut sind. Mit einer Ausnahme im elegischen Distichon geschrieben, sind sie, was das Metrum anbelangt, musterhaft gebaut und weisen eine diesem Metrum charakteristische Melodik auf. Spärlich angewandte Mittel der dichterischen Ornamentik zeugen von dem literarischen Geschmack des Grafen aus Oberglogau. Wir finden in den Epigrammen des Oppersdorff keine ausgebaute Komparationen, was auch die kleine Form dieser literarischen Gattung nicht erlaubt; wir können nur wenige einfache Vergleiche finden (z.B. Epigramm 20: *vita, decus, species floris ad instar abit*: das Leben und die Schönheit vergehen wie eine Blume). Gern wendet der Dichter *Epitheta ornantia* an; einige verleihen den Gedichten viel Bildhaftigkeit (z.B. Epigramm 5: *nitidum decus* — leuchtende Zier; Epigramm 20: *floriferi horti* — blumenreiche Gärten; Epigramm 30: *aurea mala* — goldene Äpfel; Epigramm39: *aeternus viror* — das ewige Grün), andere Epitheta dagegen einen emotionellen Inhalt (Epigram 1: *dulce cor* — süßes Herz; *carum cor* — teures Herz; Epigramm 11: *coelica vox* — himmlische Stimme; Epigramm 22: *Mars gravis* — der schreckliche Krieg; Epigramm 23: *mors fera*

— der wilde Tod; Epigramm 18: *ater ictus* — schrecklicher Schlag; Epigramm 43: *lumina chara* — teure Strahlen).

Die schönste Zierde der Oppersdorffscher Dichtung sind Metaphern, mit welchen fast alle Epigramme durchwoben sind. Betrachten wir einige Beispiele: "Die Sterne eilen" (*festinant astra* — Epigramm 2); "Die Ringelblume, die der Sonne folgt, schaut den leuchtenden Phoebus an" (*soli sequax spectat Phoebum caltha nitorem* — Epigramm 4); "Die Scham malte ihre Lippen" (*Pingere consuevit castus pudor ora Benignae* — Epigramm 16); "Jetzt wird sie die Seele sättigen" (*animam nunc pascet* — Epigramm 18); "Das Herz glüht vor Liebe" (*cor ... flagrat amore* — Epigramm 38); "Die Erde atmete genug die Wonne ein" (*tellus satis hausit odoris* — Epigramm 13); "Die Sonne erwecke die Kräuter zum Leben" (*Sol ... progerminat herbas* — Epigramm 26); "Die Tugend ... führte" (*Virtus ... traxit* — Epigramm 26); "Der schreckliche Tod versenkte die Liebe in Trauer" (*horrida nam dulcem mors obfuscavit Amorem* — Epigramm 43); "Die Sterne heben die Seele hoch ..." (*mentem sidera tollunt* — Epigramm 12).

Eine besondere Rolle spielen in der Dichtung des Oppersdorff die künstlerischen Mittel, die über die klanglichen Zierden der Gedichte entscheiden. Oppersdorff wendet gern Alliterationen, Assonanzen, Anapher an. Eine vortreffliche Alliteration finden wir in dem Epigramm I, wo der Dichter innerhalb von zwei Versen häufte mehrere Wörter anhäufte, die mit ähnlichen Klängen beginnen: *cor, carum / cor, cum seiungam vos, Deus inquit, ego/ Et subito carum der caro corde mariti/ cor trahit.* Im Epigramm 31, das aus zwei elegischen Distichen besteht, beginnen drei Verse mit "d" (*divus, dia, debuit*); zusätzlich wandte hier der Dichter Assonanzen an: drei Verse enden mit dem Klang "s" (*onus, ictus, suos*) und Anapher (*divus, ... divi*).

Quaeris cur foedum celeri praevenerit ictu
Divus Amor? jaculi, meta sciebat, onus.
Diva fuit, Divi repetebat vulneris ictus;
Debuit ergo ictus poscere meta suos.

Ähnliche Anapher finden wir in vielen anderen Epigrammen; in manchen handelt es sich um sehr auserlesene, z.B. Epigramm 33: *stat, licet ... stat, licet ...*; Epigramm 37: *magna ... major.* Es fehlen auch nicht an Ekphrasen, die in den antiken Epigrammen eine wesentliche Rolle spielten. Bei Oppersdorff handelt es sich am häufigsten um Beschreibung von Details des Wappen der Benigna — Regenbogen, Pfeil, Löwe und Sterne (z.B. Epigramme 3, 5, 6, 15 und andere).

Die hier besprochene Dichtungen sind offensichtlich durch kontrareformatorische Eifrigkeit geprägt. Man kann vermuten, dass schon die Auswahl der lateinischen Sprache dieser Epicedien ein Manifest der Haltung des Grafen von Oppersdorff war: Bekanntlich hat sich die Reformation für die deutsche Sprache erklärt, die Rekatholisierung Schlesiens war mit der Betonung der lateinischen Sprache, der Sprache der katholischen Konfession, verbunden. Der Graf von Oppersdorff war ein treuer Untertan der Habsburger und nahm einen lebhaften Teil an der Rekatolisierung dieses Gebietes, das ihm unterstand. Wir gewinnen den Eindruck, dass Ziel seiner Dichtung war, die Leser von den Grundsätzen der katholischen Konfession zu überzeugen. Der Tod der beiden Ehefrauen gab ihm die Gelegenheit Beispiele zu geben, wie man katholisch leben soll. Aber trotz dieser politischen Ziele ist seine Dichtung voll von poetischen Reiz, und sie spricht zum Herzen.

Vortrag, gehalten auf der Tagung "Antike Traditionen in der Kultur Schlesiens" (21.–24.11. 99)in Kamień Śląski (bei Opole, Polen) vor polnischen Philologen, Historikern und Archäologen

ANNA ELISSA RADKE

I. Beispiele neuester Andreas–Gryphius–Rezeption

Gestatten Sie mir, meine sehr verehrten Herren und Damen, daß ich vor allen anderen den Genius von Kamien Slaski, den Heiligen Hyazinth, begrüße in der Sprache, in der er seit Jahrhunderten angerufen wird: auf Lateinisch:

Nominis tui violacea aura
thure dulcior foliis adhaerens
implet hortulum vetus et sacellum,
sancte Hyacinthe!

O puer dilecte deo atque martyr,
qui pater vocaris apostolusque,
o Polonorum pius et patrone,
Sancte Hyacinthe!

Tu, precor, sucurre tuae clientae:
Tristibus submergor aquis dolorum.
Da tuam mirabilem adhuc lacernam,
sancte Hyacinthe!

Und jetzt begrüße ich noch einmal Sie, sehr verehrte Anwesende: Szanowni państwo!

Seit meiner Kindheit ist mir der schlesische Dichter Andreas Gryphius vertraut, denn seine Sonette gehören zur Pflichtlektüre an deutschen Gymnasien. Aber für mich war diese Lektüre keine lästige Pflicht: mich zog die tiefernste, spröde, schonungslos genaue, nie geschwätzige Sprache dieses großen Barockdichters immer besonders an: Bei jeder Betrachtung einer Abendstimmung klingt in mir das erste Quartett seines Sonetts "Abend" an:

Der schnelle Tag ist hin / die Nacht schwingt ihre Fahn/
Und führt die Sternen auf. Der Menschen müde Scharen
Verlassen Feld und Werk / wo Tier und Vögel waren
Traurt itzt die Einsamkeit. Wie ist die Zeit vertan!

Und nicht nur in der Schule, auch in der Kirche begegnete ich Andreas Gryphius: Gerade jetzt, in der letzten Zeit des Kirchenjahres (Ende November) singt man in evangelischen Kirchen in Deutschland seinen Choral: "Die Herrlichkeit der Erden muß Rauch und Aschen werden". In der Gedichtsammlung trägt er den Titel: *Vanitas! Vanitatum Vanitas!*

Meine Vertrautheit mit Andreas Gryphius wurde mir in diesem Sommer (1999) wieder neu bewußt, als ich das Seminar der L.V.P.A.(= Latinitati Vivae Provehendae Associatio) und der Universität Opole in Kamień Śląski besuchte, wo Zbigniew Kadłubek zu seinem Vortrag eine Liste mit schlesischen lateinischen(!) Dichtern verteilte.

Daß in der Tat Gryphius nicht nur zu den deutschen, sondern auch zu den lateinischen Dichtern Schlesiens zählt, wurde mir bald nach dem LVPA–Seminar dann auf der Amöneburger Lateinwoche noch deutlicher: Denn dort nahm ich an einem Arbeitskreis teil, der sich mit der lateinischen Dichtung dieses Autors beschäftigte.

Durch diese Lektüre der lateinischen Epigramme erkannte ich, daß seine deutschen Sonette eigentlich — der Form nach — nur eine barocke Spielart des Epigramms sind: Wie im antiken Epigramm im Hexameter der anschauliche Stoff der Betrachtung vorgestellt wird und dann im Pentameter die Schlußfolgerung daraus gezogen wird, so malen die beiden Quartette des Sonetts die Situation, die der Dichter dann in den Terzetten deutet. So betrachtet, ist eigentlich das Epigramm *in nuce* ein Sonett.

Wenn ich nun im Folgenden zwei Epigramme vorstelle, an denen ich die stilistische Struktur des lateinischen gryphianischen Epigramms erläutere, so geschieht das immer auch im Hinblick auf Denk– und Sprachstrukturen des Sonetts.

1. Beispiel für das Paradoxon als typisches Stilmittel im Epigramm:

Andreas Gryphius: *Tumulus Hevae matris viventium*

Mors ego quam peperi, genetricem saeva peremit:
    Non Tua, VITA, parens; mortis origo fui.
Per me, posteritas, moreris, dum nasceris. Eheu!
    Mors Tua me perimit, Te mea Vita necat.
Huc gemitus, lessumque, facesque atramque cupressum,
    huc lacrymas: mihi! non, non mihi! ferto Tibi.
Hunc tumulum vere esse meum! male falleris. Eheu!
    Te tumulum infelix crede videre Tuum.

Metrische Übersetzung:

Auf das Grab Evas, der Mutter aller Lebendigen

Grausamer Tod, dessen Urmutter ich, raffte selbst mich von hinnen:
    Nicht deine Mutter bin ich, Leben: Den Tod ich gebar.
Durch mich, Nachkommenschaft, stirbst, ach, du, kaum bist du geboren.

Dein Tod nimmt mich hinweg, mein Leben bringt dir den Tod.
Hierher Seufzen und Klage, die Fackeln und schwarze Zypresse,
hierher die Tränen! Zu mir! Nein, nicht zu mir, hin zu dir!
Meinst du, dies Grab sei das meine? Da täuschst du dich, ach, ganz gewaltig:
Glaube, du Armer, du siehst hier auch dein eigenes Grab.

Das große Barockthema *memento mori* erscheint hier als Oxymoron: Das Leben bringt den Tod hervor. Eva, die Mutter aller Lebendigen, wird durch den Sündenfall zur Gebärerin des Todes.

Dieses Epigramm hat auch etwas von der im Barock so beliebten emblematischen Kunst, d.h. der Sinnsprüche, die allegorischen Bildern zugeordnet wurden. Hier soll sich der Leser vorstellen, er stehe am Grab Evas, deren Grabstein ihm die Botschaft des Epigramms übermittelt: Der sündige Mensch ist dem Tode verfallen.

Aber die christliche Thematik erscheint hier im lateinischen Epigramm eingebettet in die Vorstellungen antik–heidnischer Begräbnisrituale: Klageweiber (*gemitus lessumque*), Fackeln, Zypressen, das ganze Szenario des antiken Totenkultes. So wird mit der humanistischen Latinität nicht nur die reine (von mittelalterlichen Barbarismen gereinigte) klassische lateinische Sprache, sondern auch die Vorstellungswelt der Antike in die christlich–abendländische Welt übernommen.

An diesem Punkt, an dem die "antiken Traditionen in der Dichtung des Andreas Gryphius" beschrieben und erläutert worden sind, hören Philologen meist mit ihren Forschungen auf. Ich meine aber, daß die Frage, was denn diese Forschungsergebnisse für die Literatur unserer Zeit bedeuten, zur Aufgabe der Philologie dazugehört, wenn sie nicht nur Verwalterin toter Texte, sondern Hüterin lebendigen Geistesgutes sein will, das der Gegenwart Impulse geben kann.

Gerade die Betrachtung der lateinische Literatur Schlesiens scheint mir in unserer Gegenwart besonders wichtig zu sein, da der Weg zur Einheit Europas eine Überwindung der nationalsprachlichen Grenzen und eine Besinnung auf das gemeinsame christlich–lateinische Erbe Europas fordert. Aber nicht nur aus politischen, sondern auch aus poetologischen Erwägungen heraus ist die Beschäftigung mit der lateinischen Dichtung, die der nationalsprachlichen Literatur sowohl voranging als auch sie später weiter begleitetet, nicht nur von antiquarischem Interesse. In einer Zeit, in der in der Dichtung alle Formen zerbrochen sind, kann die Rückbesinnung auf alte, strenge Formen der Weltliteratur auch zu einer neuen Disziplin und Gestaltung ungeformten dichterischen Potentials führen.

Und wie es bis in die Zeit des Späthumanismus zur Ausbildung von Philologen selbstverständlich dazugehörte, daß sie perfekte Verse in sämtlichen antiken Metren verfassen konnten, (denn nur durch die eigene Erfahrung kann man sich in die Dichtung anderer wirklich einfühlen), so habe auch ich einmal versucht, Epigramme nach dem Vorbild des Andreas Gryphius zu schreiben.

Anknüpfend an das Oxymoron in dem Eva–Epigramm (das Leben bringt nicht Leben, sondern — widersinnigerweise — den Tod hervor) habe ich folgendes Epigramm versucht:

Ad Andream Gryphium

Non amor, Andrea, mi crede, negabitur umquam
Ipse ab amore, Deus se ipse negare nequit.
Si tamen hoc factum est, ut amor fraudaret amorem
Denique amore suo, lacrimat ipse Deus.

Metrische Übersetzung:

Glaub' mir, Andreas, nie wird die Liebe die Liebe verleugnen,
denn das kann nie gescheh'n, daß Gott sich selbst so verrät.
Wenn aber dies ist gescheh'n, daß die Liebe die Liebe betrogen
um ihre Liebe selbst, dann weint darüber auch Gott.

Wenn ich dem Epigramm die Überschrift *Ad Andream Gryphium* gebe, so liegt darin ein literarisches Programm: Mit der Anrede an einen über dreihundert Jahre älteren Dichter–Bruder drücke ich aus, daß im Bereich der lateinischen Dichtung eine durch die Kontextualität, d.h. durch die Beziehung aller Texte auf einander, gestiftete Gleichzeitiggkeit entsteht, wie sie zu früheren Autoren der Nationalsprachen so nicht möglich ist, da diese Sprachen sich ständig verändern, während das Latein des Andreas Gryphius und unser heutiges sich von dem Latein des Horaz oder Cicero nicht unterscheidet. Alle Autoren dieser Sprache sind verbunden, wobei die jeweils jüngeren die Werke der älteren entweder durch *imitatio* fortsetzen, oder durch *aemulatio* zu übertreffen suchen.

Das bedeutet aber nicht, das neulateinische Dichtung epigonal sein muß (wenn sie es auch manchmal ist). So, wie Andreas Gryphius zwar antike Traditionen in seine Epigramme übernimmt, aber doch durch die Integration christlicher Gedanken in dieser Gedichtform etwas Eigenes schafft, — denn antike Epigramme mit einem solchen religiösen Ernst sind mir nicht bekannt — so habe auch ich zwar Elemente der antiken Liebeselegie (die ja aus dem Epigramm hervorgegangen ist) in meinem Epigramm anklingen lassen, aber durch die Verwischung der Grenzen zwischen irdischer und Gottesliebe etwas Neues geschaffen: Jede Liebe zwischen Menschen wird nach der Offenbarung Gottes als Gott der Liebe an diesem absoluten Maßstab der Liebe zu messen sein. Auch die Tatsache, daß der Verrat der Liebe auf Erden im Himmel betrauert wird, wäre im antik–heidnischen Epigramm so nicht denkbar.

Die an dieser Stelle sich aufdrängende Frage, ob denn nach dem oben Dargestellten lateinische Literatur auch heute noch eine mögliche Alternative zur nationalsprachlichen sei, möchte ich hier unbeantwortet im Raum stehen lassen, da ihre Beantwortung den Rahmen dieses Vortrages sprengen würde.

Ich wende mich also wieder Gryphius und seinen lateinischen Epigrammen zu. Denn außer der Kunst, paradoxe Phänomene pointiert darzustellen, eignet sich das Epigramm — seit seiner Entstehung in der frühgriechischen Dichtung — auch für satirische Inhalte: Der satirische Epigrammatiker weiß mit bissigem Witz oder mildem Humor gesellschaftliche Mißstände, moralische Verfehlungen und charakterliche Absonderlichkeiten aufzuspießen.

Nur ein Beispiel für Gryphius' gesellschaftlichen Scharfblick möchte ich hier vorstellen:

In Laeliam

Laelia cum totas Florum pulcherrima noctes
Vidit ad ingenuas pervigilare faces:
Indoluit; tenerumque gemens: "Pro conjuge codex
Ut fiam, miserae jam mihi restat" ait.

Metrische Übersetzung:

Auf Laelia

Als einst die schöne Laelia sah, wie ihr Florus die Nächte
einsam beim Kerzenschein lesend mit Büchern verbracht',
schmerzt' sie das sehr, und sie seufzte dezent: "Mir bleibt wohl nichts übrig,
als daß ich für mein Gemahl werde zum geistreichen Buch."

Diese — bis in die jüngste Vergangenheit — typische Szene einer deutschen Professoren–Ehe, in der die Frau nur "vorzeigbar" und hauswirtschaftlich talentiert zu sein brauchte, während der Mann mit seiner Wissenschaft "verheiratet" sein durfte, hat Gryphius treffend beschrieben, ohne jedoch die gesellschaftliche Rolle der Frau auch nur im geringsten zu hinterfragen. Ein lächelndes Mitgefühl mit der frustrierten Ehefrau ist alles, was Gryphius zu dieser ungleichen Verteilung der gesellschaflichen Privilegien zu sagen hat.

Da es sich bei dem dargestellten Phänomen um einen bis in unsere Zeit hinein fortdauernden Zustand handelt, hat mich das gesellschaftlich allzu angepaßte Epigramm provoziert, einen eigenen Vorschlag zur Überwindung der unwürdigen Rolle dieser Professorenfrau zu machen.

Ad epigramma Andreae Gryphii "In Laeliam"

Non solum hoc restat tibi, Laelia, ut in monumentum
Mutere, ut fias codice et aridior.
Cur non ipsa studes fieri doctricem et amicam
Musarum veterum, ut nocte libris vigiles?
Tum cubitum ite simul, tum codicibus cumulatis
Utimini artibus et deliciis thalami!

Metrische Übersetzung:

Zu dem Epigramm des Andreas Gryphius "Auf Laelia"

Nicht nur das Eine bleibt dir, daß du dich in ein Buch mußt verwandeln
Und daß du trockener noch wirst als bedrucktes Papier.
Warum versuchst du nicht selbst, ein gute Gelehrte zu werden,
Freundin der Literatur, die selbst die Nächte durchwacht?
Dann legt zusammen euch nieder, umgebt euch mit Stapeln von Büchern!
So habt ihr Beides zugleich: Freuden der Kunst und des Betts.

Mit diesem Kommentar zu Gryphius' zaghafter Gesellschaftskritik habe ich nicht nur versucht, Frauen, die sich ganz in den Dienst der Karriere ihres Mannes gestellt haben, zu einem selbstbestimmten Leben zu ermuntern, sondern ich habe zugleich auch eine kleine Wissenschaftsutopie ausgemalt: Das Bild einer Wissenschaft, die ganzheitliche, nicht nur intellektuell hochgezüchtete, Menschen bildet, die keine lustfeindliche Askese fordert, sondern mitten im Leben steht und dieses volle Leben durchdringt und bereichert.

Außerdem wollte ich zeigen, daß neulateinische Dichtung nicht nur aus blutleeren Stilübungen besteht, sondern daß sie auch heute noch gesellschaftlich wirkendes Wort sein kann.

Was hätte wohl Gryphius selbst dazu gesagt, wenn er diese — von einer Frau verfaßte — lateinische (!) — Antwort auf sein Epigramm hätte lesen können? Jeder mag sich seine Reaktion selbst ausmalen, aber eins ist gewiß: er hätte sich sicher gefreut, daß auch seine lateinische Dichtung noch nach dreihundert Jahren fortwirkt.

Dagegen ist seine deutsche Dichtung durch die Jahrhunderte immer lebendig geblieben, so daß man nachträglich wohl sagen kann, daß Gryphius eine gute Entscheidung getroffen hat, das Medium der lateinischen Sprache für seine Dichtung zu verlassen und sich in seiner Muttersprache auszudrücken, da die Kenner der lateinischen Sprache schon zu seiner Zeit und in den folgenden Jahrhunderten zahlenmäßig kontinuierlich abnahmen.

Aber der Wechsel von der lateinischen zur deutschen Sprache war bei Gryphius kein abrupter: auch in seiner deutschen Dichtung blieb er immer noch auf das Lateinische bezogen:

So tastete er sich in der muttersprachlichen Ausdrucksweise vor, indem er lateinische Dichtung ins Deutsche übertrug, nicht wörtlich, sondern sehr frei: wie z.B. den polnischen lateinischen Autor Matthias Casimir Sarbievius (= Sarbiewski).

Beispiel: Sarbievius, *Ad caelestem adspirat patriam* (Lyr.I,19) (aus: Lyricorum libri IV, Epodon liber unus alterque Epigrammatum, Antwerpen 1632)

Urit me patriae decor,
Urit conspicuis pervigil ignibus
Stellati tholus aetheris
Et lunae tenerum lumen et aureis
Fixae lampades atriis.
O noctis choreas et teretem sequi
Iuratae thyasum faces!
O pulcher patriae vultus et ignei
Dulces excubiae poli!
Cur me stelliferi luminis hospitem,
Cur, heu! Cur nimium diu
Caelo sepositum cernitis exsulem?
Hic canum mihi caespitem,
Hic albis tumulum sternite liliis,
Fulgentis pueri domus!
Hic leti pedicas exuor et meo
Secernor cineris cinis.
Hic lenti spolium ponite corporis,
Et quidquid superest mei;
Immensum reliquus tollor in aethera.

Metrische Übersetzung (4. asklepiadeische Strophe):

Er (= Sarbievius) sehnt sich nach der himmlischen Heimat

Mich entzündet der Heimat Glanz,
Luftgewölbe, besetzt hell mit der Sternen Heer,
mich entflammt auch der zarte Schein
Lunas, leuchtende Zier, goldener Hallen Licht.
O ihr Fackeln, die ihr so treu
Folgt in nächtlichem Schwarm ewigem Reigentanz,
holde Wächter des Firmaments,
schönes Antlitz seid ihr himmlischen Vaterlands.

Warum seht ihr den Sternenfreund
In der Fremde so fern sitzen vom Himmelreich?
Hier, ihr Diener des Sternenzelts,
pflanzt den Rasen aufs Grab, deckt es mit Lilien!
Sehn' die Fesseln des Tods herbei,
hier im Grabe getrennt, Asche vom Aschenleib,
hier legt nieder des Körpers Last!
Und, was immer danach noch von mir übrig ist,
in unendlichen Ätherraum
wird entrückt, was in mir teilhat am Ewigen.

Andreas Gryphius: An die Sternen (Sonette III,36)

Ihr Lichter / die ich nicht auff Erden satt kann schauen/
Ihr Fackeln / die ihr Nacht und schwartze Wolcken trennt
Als Diamante spielt / und ohn Auffhören brennt;
Ihr Blumen / die ihr schmückt des grossen Himmels Auen:
Ihr Wächter / die als Gott die Welt auff wollte bauen;
Sein Wort die Weißheit selbst mit rechten Namen nennt
Die Gott allein recht misst / die Gott allein recht kennt
(Wir blinden Sterblichen! Was wollen wir uns trauen!)
Ihr Bürgen meiner Lust / wie manche schöne Nacht
Hab ich / in dem ich euch betrachtete gewacht?
Herolden dieser Zeit / wenn wird es doch geschehen/
Daß ich / der euer nicht allhir vergessen kann/
Euch / derer Liebe mir steckt Hertz und Geister an
Von andern Sorgen frey werd unter mir besehen?

Viktor Manheimer (Die Lyrik des Andreas Gryphius. Studien und Materialien, Berlin 1904, S. 141) bemerkt zu diesen beiden Gedichten: "Gryphius schönes Sonett "an die Sternen" (Son. III,6) .... halte man neben Sarbiewskis Ode *Ad caelestem adspirat patriam*: der langen Apostrophe an die Sterne folgt bei beiden Dichtern eine aufgeregt–rhetorische Frage und derselbe sehnsüchtige Wunsch in den Äther empor. — Mir scheint jedoch, die beiden Gedichte haben nur sehr entfernt etwas miteinander zu tun."

Wie Manheimer zu dieser Feststellung gekommen ist, ist mir unerfindlich; denn sowohl das Thema wie die gedankliche Struktur beider Gedichte erscheinen mir als sehr ähnlich. Gryphius' Sonett ist zwar keine wörtliche Übersetzung von Sarbiewskis Ode, ist aber ganz aus dem genialen Impuls der künstlerischen Intuition des Sarbiewski heraus geschrieben und wäre ohne dessen Vorbild so nicht entstanden. Während Sarbiewski seinerseits wiederum ohne das Vorbild der horazischen Oden nicht denkbar wäre. Obwohl in der

Ode Sarbiewskis kein einziges direktes Horaz–Zitat enthalten ist, spürt man doch überall, wie Sarbiewski immer Horaz "mithört", so daß er — halb unbewußt — horazische Formulierungen aus der Ode IV,1, die im gleichen Versmaß geschrieben ist, einfließen läßt: Bei Horaz heißt es: (V.33): *sed cur heu, Ligurine, cur* ... und bei Sarbiewski: (V.11) *cur, heu! cur nimium diu*... und der Knabe Ligurinus taucht bei Sarbiewski wieder auf in den *pueri fulgentis domus*. Diese drei Gedichte, des Horaz, Sarbiewskis und Gryphius, zeigen die Kontextualität der europäischen Literatur.

Daß es sich in der Zeit des Späthumanismus bei der Beziehung zwischen volkssprachlicher und lateinischer Dichtung nicht nur um den einseitigen Vorgang einer Wirkung der lateinischen Dichtung auf die volkssprachliche handelt, sondern daß auch umgekehrt die deutsche Dichtung die lateinische beeinflußt hat, zeigt das Beispiel des Georg Tilenus (1537–1590), der deutsche Kirchenlieder ins Lateinische übertragen hat. Bei einem solchen Vorhaben kann es ja nicht darum gehen, aus einer mehr oder weniger unverständlichen Sprache in eine vertraute zu übersetzen, — was ja meist der Grund für eine Übertragung lateinischer Dichtung in eine Volkssprache ist, — sondern das Ziel muß ein anderes sein: Denkbar wäre eine Umkehrung der Ziele Latein–zu–Deutsch–Übersetzer, nämlich die Verschlüsselung und Unverständlichmachung des allgemein Verständlichen: Eine Abgrenzung einer Bildungselite vom ungebildeten Volk. Karl Otto Conrady (lateinische Dichtungstradition und deutsche Lyrik des 17. Jahrhunderts, Bonn 1962) sieht den Grund für die Umwandlung von volkstümlichen Kirchenliedern in lateinische Hymnen in klassischen antiken Metren nur als eine stilistische Spielerei an, die das volkssprachlich knapp Gesagte "aufweitet".

Beispiel: Der evangelische Choral des Nikolaus Herman (1560) "Wenn mein Stündlein vorhanden ist", 1. Strophe:

Wenn mein Stündlein fürhanden ist
Und sol hinfarn mein strasse,
so gleit du mich, Herr Jhesu Christ,
mit hülff mich nicht verlasse,
  Mein Seel an meinem letzten end
Befehl ich dir in deine hend,
du wolst sie mir bewahren.

Georg Tilenus, *Hymnus Germanicus*

Wenn mein Stündlein vorhanden ist / etc. Carmine redditus.

Ad Iesum Christum opt. Maximum (V. 1–8)

Cum Parcae incident fatalia stamina fusis,
iamque dies erit et vitae linquenda voluptas,

Tunc te, Christe, meis adiungas partibus, oro,
Neu me languidulum sine vi, sine robore, in ipso
Obstutu necis, extrema iam in sorte labantem
Destituas. Equidem hanc animam de corpore euntem
In manibus depono(r)[1] *tuis: tibi credo tuendam.*

Metrische Übersetzung (Hexameter):

Der deutsche Choral "Wenn mein Stündlein vorhanden ist" usw. in lateinische Verse übertragen.

An Jesus Christus, den höchsten (Gott)

Wenn die Parzen dereinst mir den Lebensfaden durchtrennen
und wenn der Tag dann kommt mit der Sehnsucht, die Welt zu verlassen,
dann bitte, Christus, ich dich, daß du mir dich selbst stellst zur Seite,
daß du mich nicht verläßt, wenn die Kräfte des Körpers mir schwinden
und wenn nach Gottes Rat mein letztes Stündlein geschlagen,
dann will in deine Hand meinen Geist ich vertrauensvoll legen.

Anmerkung zur lateinischen Textgestalt: der Versschluß (V.1) ....*stamina fusis* erinnert an Vergil, ecl. IV,46: *"Talia saecla" suis dixerunt "currite" fusis.* Bei Vergil ist *fusis* Dativ von *dixerunt* abhängig. Aber bei Tilenus könnte die Form nur Ablativ sein: der Satz hieße dann: "Wenn die Parzen die Schicksalsfäden mit den Spindeln abschneiden werden", was sachlich unsinnig wäre. Man sieht, daß der Autor sich den Vorgang der Tätigkeit der Parzen nicht anschaulich vorgestellt hat, sondern nur ein vertrautes Versmuster etwas zu unkritisch übernommen hat. Was vielleicht den Lesern nicht weiter aufgefallen ist, zumal ja die Vorstellung der den Schicksalsfaden spinnenden Parzen mit der christlichen Vorstellung eines die Geschicke der Menschen lenkenden Gottes sowieso nicht vereinbar sind. So verblaßt das anschauliche Bild der Parzen zur Metapher für die Vorsehung Gottes.

Nun zum Inhaltlichen dieser lateinischen Version des Chorals: Der schlichte, innige deutsche Choral wird in dem langen Metrum des lateinischen Hexameters zu einer geschwätzig lamentierenden Stilübung, die den tiefen und wortkargen Ernst des deutschen Liedes nicht angemessen wiedergibt. Während das deutsche Lied einen echten "Sitz im Leben" hat, indem es in der letzten Zeit des Kirchenjahres und bei Begräbnissen gesungen wurde und wird, so dient die lateinische Fassung, — zu der es auch keine Melodie gibt!, — allenfalls der stummen privaten Erbauung von Lateinkundigen. (eine nähere Betrachtung

[1] Überliefert ist *deponor*, was aber weder dem Sinn noch der Metrik nach paßt. Es muß wohl *depono* heißen.

dieses für den Späthumanismus typischen Stilideals würde den Rahmen dieses Vortrags sprengen).

Im Folgenden möchte ich es dennoch wagen, einen Übersetzungsversuch vorzustellen, in dem ein deutsches Kirchenlied in ein lateinisches übersetzt wird, wobei die stilistische Intention, die geschichtliche Situation des Übersetzers als auch der "Sitz im Leben" grundverschieden ist von dem, was Georg Tilenus angestrebt hat.

Andreas Gryphius hat ein Lied mit ähnlichem Inhalt wie der Choral Nikolaus' Hermans geschrieben: "Die Herrlichkeit der Erden muß Rauch und Aschen werden". Bezeichnend für die Zeit des Übergangs von der lateinischen zur volkssprachlichen Dichtung ist, daß Gryphius diesem Lied — wie auch vielen anderen seiner Gedichte — eine lateinische Überschrift gegeben hat: *Vanitas! Vanitatum Vanitas!* Frei übersetzt: "Alles ist eitel!"

> *Vanitas! Vanitatum Vanitas!*
>
> Die Herrlichkeit der Erden
> Muß Rauch und Aschen werden,
> kein Fels, kein Erz kann stehn.
> Dies, was uns kann ergetzen,
> was wir für ewig schätzen,
> wird als ein leichter Traum vergehn.
>
> Der Ruhm, nach dem wir trachten,
> den wir unsterblich achten,
> ist nur ein falscher Wahn.
> Sobald der Geist gewichen
> und dieser Mund erblichen,
> fragt keiner, was man hier getan.
>
> Dies alles wird zerrinnen,
> was Müh und Fleiß gewinnen
> und saurer Schweiß erwirbt.
> Was Menschen hier besitzen,
> kann für den Tod nicht nützen,
> dies alles stirbt uns, wenn man stirbt.
>
> Wir rechnen Jahr auf Jahre,
> indessen wird die Bahre
> uns für die Tür gebracht;
> drauf müssen wir von hinnen,
> und eh wir uns besinnen,
> der Erden sagen Gute Nacht.

Verlache Welt und Ehre,
Furcht, Hoffen, Gunst und Lehre,
und fleuch den Herren an,
der immer König bleibet,
den keine Zeit vertreibet,
der einig ewig machen kann.

Wohl dem, der auf ihn trauet!
Er hat recht fest gebauet,
und ob er hier gleich fällt,
wird er doch dort bestehen
und nimmermehr vergehen,
weil ihn die Stärke selbst erhält.

Rhythmische Übersetzung:

Vanitas! Vanitatum Vanitas!

Venustas mundi illa
Fit fumus et favilla,
aes, saxum frangitur.
Nam id, quo delectamur,
perenne arbitramur,
ut somnus levis labitur.

Honores, qui quaeruntur,
perpetui ducuntur,
sunt vere inanes.
Dic, spiritu efflato
Et ore exanimato
Posteritati quid manes?

Haec omnia solvuntur,
sudore quae petuntur
rebus in arduis.
Opes quae possidentur,
a morte non tuentur
et moriuntur mortuis.

Transit annorum spectrum,
iam ligneum feretrum
ad portas aureas
affertur, quo repente
arripimur nec lente
dicentes mundo: valeas!

Derideas honorem,
doctrinam, spem, timorem;
profuge ad Dominum.
In aevum qui regnabit,
quem tempus non fugabit,
est solus auctor hominum.

Beati confidentes,
fundamina condentes
firmissima; si quis
intereat, manebit,
nihil illum delebit,
nam ipse, Jesu, tu ES VIS.

Bevor ich inhaltlich und stilistisch auf die beiden Versionen des Themas *Vanitas! Vanitatum Vanitas!* eingehe, möchte ich als erstes begründen, warum es gerade heute wieder Sinn macht, ein volkssprachliches Gedicht ins Lateinische zu übersetzen.

Während sich in der Zeit des Späthumanismus die Volkssprachen in Europa immer mehr emanzipierten, d.h. aus der Bevormundung durch die alles beherrschende lateinische Literatur befreiten, ist jetzt eine Zeit angebrochen, in der es gilt, die Abgrenzungen zwischen den europäischen Völkern, die durch die verschiedenen Volksspsrachen verstärkt wurden, wieder zu überwinden, indem man sich auf die gemeinsame Basis, die lateinisch–europäische Kultur besinnt. Auf der neutralen Plattform des Latein können sich Völker unbefangen und unbelastet von allem Trennenden ihrer einander nicht vertrauten Sprachen begegnen.

Latein hat im werdenden Europa wieder eine politische Funktion: Es kann zur Überwindung eines allzu starken Nationalismus und zur friedlichen Kommunikation unter Völkern beitragen.

Daß ich gerade mit der Übertragung von ökumenischen Kirchenliedern (und nicht mit profanen Texten) ins Lateinische begonnen habe, hat seinen Grund darin, daß ich erlebt habe, wie auf Seminaren der *Latinitas viva* gemeinsam gesungene lateinische Kirchenlieder in ökumenischen Gottesdiensten begeistert von Vertretern der an diesen Seminaren beteiligten verschiedenen Nationen begrüßt wurden.

Ich meine, daß heute in diesem gemeinsamen Tun, dem gemeinsamen Singen, Latein wieder einen "Sitz im Leben" hat, und nicht — wie im Späthumanismus — zur einer Flucht aus der Realität führt.

So ist es — wie so oft — nicht immer dasselbe, wenn zwei dasselbe tun: Denn heute kann eine Übersetzung von volkssprachlichen Kirchenliedern etwas völlig anderes bewirken als zur Zeit des Georg Tilenus.

Um mich aber ganz deutlich von den Intentionen des Tilenus abzusetzen, habe ich Gryphius nicht in ein klassisches Versmaß übertragen, sondern das Versmaß der rhythmischen, gereimten Strophen beibehalten, wie sie auch im lateinischen Mittelalter in volkstümlichen Hymnen üblich waren, so daß meine Übersetzung nach der gleichen Melodie wie der deutsche Choral gesungen werden kann.

Die holzschnitthafte Knappheit der gryphianischen Sprache habe ich versucht, in ebenso schnörkelloses Latein zu übertragen. Schon am Druckbild sieht man, daß die lateinische Version noch wortkarger ist als die deutsche. Erst die lateinische Fassung läßt das lateinische Element, d.h. die Fähigkeit zu komprimierter Aussage, in der deutschen Dichtung des Gryphius hervortreten, so daß man erkennt, daß das Deutsch eigentlich latent Lateinisch ist: Gryphius denkt aus seiner Tradition heraus auch im Deutschen eigentlich immer noch Lateinisch.

Daß dieser Eindruck nicht nur meinem nicht beweisbaren Sprachgefühl entspringt, sondern am deutschen Text bewiesen werden kann, möchte ich an einem Beispiel zeigen:

Die letzte Strophe des deutschen Kirchenliedes lautet:

Wohl dem, der auf ihn trauet!
Er hat recht fest gebauet,
Und ob er hier gleich fällt,
wird er doch dort bestehen
und nimmermehr vergehen,
weil ihn die Stärke selbst erhält.

Das Subjekt der letzten Zeile "Stärke" muß mit dem „Herren“ gleichgesetzt werden. Nun ist es zwar üblich, Stärke, Macht usw. zu den Attributen Gottes zu zählen, aber die Ausdrucksweise "die Stärke selbst wird den Menschen erhalten" ist ungewöhnlich und wird erst aus einem lateinischen Epigramm Gryphius' verständlich.

JESUS
Per Anagram(ma).
VIS ES

Maxima VIS JESU! Quando me maxime VISES
Quem stygii terrent agmina foeda Ducis?
Vis mea, rumpe moras Viresque nigrantis averni

Comprime. Vim trepidat mors Satanasque Tuam.

Metrische Übersetzung (elegische Distichen):

Jesu, du höchste Kraft, wann wirst du mich, Höchster, besuchen,
mich, den der Fürst dieser Welt mit seinem Höllenheer erschreckt?
Du, meine Kraft, laß nicht länger mich warten, ersticke die Mächte
Finsterer Hölle: vor dir zittern doch Teufel und Tod.

In den Buchstaben des Namens *JESUS* erkennt Gryphius sowohl den lateinischen Satz *VIS ES* (du bist die Stärke) als auch die Verbform *VISES* (du wirst besuchen). Wenn also Gryphius in dem deutschen Lied sagt, daß die "Stärke selbst" uns erhält, so wußte —zumindest der Zeitgenosse — daß damit Jesus gemeint war: der hebräische Name Joschua, griechische Form Jesus, wird als verschlüsseltes lateinisches(!) Bekenntnis bestanden: Du, Jesus bist unsere Stärke.

Hier sieht man besonders deutlich, wie allgegenwärtig das Latein dem Bewußtsein der Menschen des 17. Jahrhunderts war, so daß man nicht nur von "antiken Elementen in der Kultur Schlesiens" sprechen kann, sondern eigentlich sagen muß, daß die ganze literarische Kultur mit dem "Sauerteig" des Lateins durchmischt ist.

II. Beispiele neuester Angelus–Silesius–Rezeption

Daß auch die deutsche Dichtung des Breslauer Dichters Johannes Scheffler (= Johannes Angelus Silesius) eigentlich nur vor dem Hintergrund der klassischen lateinischen Literatur richtig gewürdigt werden kann, möchte ich an zwei Beispielen seiner Kirchenlieder zeigen, die ich im Rahmen meines ökumenischen lateinischen Kirchenlieder–Projekts ins Lateinische übertragen habe.

So, wie man in der Biologie Präparate, die man unter dem Mikroskop oft einfärbt, um die Strukturen der organischen Substanzen besser erkennen zu können, so treten durch die lateinische "Einfärbung" der deutschen Dichtung des Angelus Silesius die lateinischen Strukturen dieser Dichtung deutlicher hervor.

Ich will dich lieben, meine Stärke

Ich will dich lieben, meine Stärke,
ich will dich lieben, meine Zier;
ich will dich lieben mit dem Werke
und immerwährender Begier.
Ich will dich lieben, schönstes Licht,
bis mir das Herze bricht.

Ich will dich lieben, o mein Leben,
als meinen allerbesten Freund;

ich will dich lieben und erheben,
solange mich dein Glanz bescheint;
ich will dich lieben, Gottes Lamm,
als meinen Bräutigam.

Ach, daß ich dich so spät erkannte,
du hochgelobte Schönheit du,
daß ich nicht eher mein dich nannte,
du höchstes Gut und wahre Ruh;
es ist mir leid, ich bin betrübt,
daß ich so spät geliebt.

Ich lief verirrt und war verblendet,
ich suchte dich und fand dich nicht;
ich hatte mich von dir gewendet
und liebte das geschaffne Licht.
Nun aber ist's durch dich geschehn,
daß ich dich hab ersehn.

Ich danke dir, du wahre Sonne,
daß mir dein Glanz hat Licht gebracht;
ich danke dir, du Himmelswonne,
daß du mich froh und frei gemacht;
ich danke dir, du goldner Mund,
daß du mich machst gesund.

Erhalte mich auf deinen Stegen
Und laß mich nicht mehr irre gehen;
Laß meinen Fuß in deinen Wegen
Nicht straucheln oder stillestehn;
Erleucht mir Leib und Seele ganz,
du starker Himmelsglanz!

Ich will dich lieben, meine Krone,
ich will dich lieben, meinen Gott;
ich will dich lieben sonder Lohne
auch in der allergrößten Not;
ich will dich lieben, schönstes Licht,
bis mir das Herze bricht.

Amore, mea vis, ardebo

Amore, mea vis, ardebo
in te, dulce decus meum,
operibus bonis studebo
monstrar(e) amorem igneum.
Me ures, lux pulcherrima,
dum deest anima.

O mea vita, te amabo
amicum amicissimum,
amabo te et te laudabo,
quoad, lumen splendissimum,
luces mihi. agni Dei
ut sponsi sum mei.

O te tam sero cognovisse,
o forma formosissima,
nec prius te meum scivisse,
summum bonum, verissima
tu quies! Aegre hoc fero,
quod uror tam sero.

Et erant oculi operti:
Quaesivi nec inveni te,
erravi, me abs te averti,
a tua recta tramite.
A luce unigenita
demum sum cognita.

Grates tibi, o sol sincere,
nitore me illuminas,
delicias summas praebere
dignatus septemgeminas,
grates, os auro carius,
nil mi (e)st salubrius.

In viis tuis me tutare,
ne umquam aberrem via,
pedem in semita nutare
non sines nec vestigia.
Lucem mi toti infundas,
caeli fortis lampas.

Ardebo te, mea corona,

ardebo te, mi Domine,
sine mercede eis aiona
et summo in discrimine.
Me ures, lux pulcherrima,
dum deest anima.

Ich meine, daß ohne das in der römischen Liebeselegie vorgelebte Ideal einer totalen Liebe, welche in der abendländischen Kultur eine auf *eine* Person fixierte, ausschließliche Liebesbeziehung begründete, daß ohne die römische Liebeselegie die mystische Jesusliebe des Angelus Silesius nicht möglich geworden wäre.

Die typischen Anreden an die Geliebte in der römischen Liebeselegie *mea vita, mea lux* erscheinen in der lateinischen Übersetzung noch deutlicher. Aber auch nicht–elegische lateinische Liebesdichtung klingt an: in der 2.Strophe heißt es (deutsch): "Ich will dich lieben, o mein Leben", was im Lateinischen sehr nah an Catulls c. 5,1 erinnert: *vivamus, mea Lesbia, atque amemus*! Und V. 2 der 1. Strophe "ich will dich lieben, meine Zier" lateinisch: *ardebo / in te, dulce decus meum* erinnert an Horaz, c. I,1,2 : *o et praesidium et dulce decus meum.*

Natürlich ist die mystische Jesusliebe auch vom *Canticum canticorum* beeinflußt, aber ich glaube, daß diese alttestamentlichen Hochzeitslieder nur im Christentum Beachtung finden konnten, weil die abendländischen lateinischen Christen ihre Gefühlskultur an den antiken Vorbildern der römischen Liebesdichter geschult hatten. Die subjektiv–erotische Elegie, in der die Geliebte (*domina*) unbedingten Gehorsam und fast göttliche Verehrung forderte, bereitete den Boden für das innige, vertrauenvolle Glaubensverhältnis der Christen zu ihrem Dominus Jesus.

Außer dem *servitium amoris*, dem Sklavendienst für die Liebe, dem der unbedingte Gehorsam gegenüber dem Herrn Jesus entspricht, findet auch die *militia amoris*, der Militärdienst im Feldlager Amors, in der Gefolgschaft Jesu als dem obersten Kriegsherren im Christentum ihre Entsprechung, wie sie Angelus Silesius in seinem Choral "Mir nach! spricht Christus, unser Held" ausdrückt.

"Mir nach", spricht Christus, unser Held

"Mir nach", spricht Christus, unser Held,
"mir nach, ihr Christen alle!
Verleugnet euch, verlaßt die Welt,
folgt meinem Ruf und Schalle;
nehmt euer Kreuz und Ungemach
auf euch, folgt meinem Wandel nach!

Ich bin das Licht, ich leucht euch für
Mit heilgem Tugendleben.
Wer zu mir kommt und folget mir,
darf nicht im Finstern schweben.
Ich bin der Weg, ich weise wohl,
wie man wahrhaftig wandeln soll.

Fällt's euch zu schwer? Ich geh voran,
ich steh euch an der Seite,
ich kämpfe selbst, ich brech die Bahn,
bin alles in dem Streite.
Ein böser Knecht, der still mag stehn,
sieht er voran den Feldherrn gehen.

Wer seine Seel zu finden meint,
wird sie ohn mich verlieren;
wer sie um mich verlieren scheint,
wird sie nach hause führen.
Wer nicht sein Kreuz nimmt und folgt mir,
ist mein nicht wert und meiner Zier."

So laßt uns denn dem lieben Herrn
mit unserm Kreuz nachgehen
und wohlgemut, getrost und gern
in allem Leiden stehen.
Wer nicht gekämpft, trägt auch die Kron
des ewgen Lebens nicht davon.

"Me pone", Christus imperat

"Me pone", Christus imperat,
"sequimini, fideles!
Qui se mundumque abnegat,
is meus fit satelles.
Vestram accipite crucem,
me imitamini ducem!

Ego sum lux, sit praelucens
virtus, Deo sacratos
ad me vos omnes adducens
nec malis obscuratos.
Sum via recta ad vitam
ferens Deoque deditam.

Si vobis est difficile

factu, antecedendo
parabo iter facile,
pugnabo appetendo.
Vae servo nequam, qui herum
non sequitur belligerum!

Se vitam suam sine me
qui putat invenisse,
inveniet hanc minime,
sed scito perdidisse.
Ni tollet crucem me sequens,
is erit gratia egens."

Nunc Dominum carissimum
cum crucibus sequamur,
laborem et durissimum
libenter patiamur.
Nec ullus coronabitur,
nisi qui pugnans moritur.

Angelus Silesius steht mit seiner Nachfolge Christi als seinem obersten Feldherrn nicht nur in der Tradition der römischen Elegiker, die sich im Kriegsdienst des Amor sahen (Ovid Amores 1,9,1 *Militat omnis amans et habet sua castra Cupido*), sondern auch in der Tradition des Paulus: epist. Ad. Eph. 6,11: *Induite vos armaturam Dei* . 1. Thess. 5,8: *Nos autem, qui diei sumus, sobrii simus, induti loricam fidei et charitatis, et galeam spem salutis.*

(Wenn Paulus allerdings von "Kampf" spricht, so meint er meist den sportlichen Wettkampf 2 Tim. 4,7: *Bonum certamen certavi, cursum consummavi.*), wobei aus den Bibeltexten mehr das Bildmaterial entnommen, aus der römischen Liebeselegie aber die geistige Haltung des unbedingten Gehorsams gegenüber dem Geliebten stammt.

Daher habe ich in der lateinischen "Einfärbung" des Chorals in der ersten Strophe in den Worten *imperat* (*imperator* = oberster Feldherr), *satelles* und *dux* das Militärische der Gefolgschaft noch mehr betont, als es im deutschen Text geschieht, um die Beziehung der Dichtung des Angelus Silesius zur antik–heidnischen Dichtung noch deutlicher zu machen.

Aber — wie alle meine lateinischen Texte — soll auch dieser Text nicht nur Stilübung und wissenschaftliches Experiment sein, sondern einen "Sitz im Leben" haben: Hier, wie auch in dem Kirchenlied des Andreas Gryphius, sind es internationale europäische ökumenische Gottesdienste, in denen diese lateinischen Fassungen gesungen werden mögen: wie die Jesuiten zu sagen pflegen: *Ad maiorem Dei gloriam.*

De Novis Angliae Scriptoribus Neolatinis

DAVID MONEY

Lingua Latina apud Anglos non omnino periisse dicatur. Aegrotat tamen, per lustra nonnulla versiculos rariores eructando. Professoresque plerique eloquentiae mortuae cadaver persecare malunt, pulverulenta sua et lucrosa diligentia, stylove acuto ac superbissimo, quam corpus adhuc moleste spirans vel fovere vel sanare vel percurare. Scilicet res patientis sine spe langueat; benevola sit euthanasia — nec a dissecandi voluptate amplius suspiria distrahant.

Sunt autem qui Latinitatem ardeant colere. Studia quidem antiquitatis per annos recentes aliis vehemente adiuvantibus, aliis vix cohibentibus, paulatim reflorescere videntur. Itaque murem quendam nomine Minimum in scholis iuvenum iuniorum gratissime latitare invenimus, qui (auctore magistra Barbara Bell) non mandit scrinia sed discipulos delectat. Inter mures et Musas in lexico non est intervallum; re vera hiatus immensus, quem mures minimos transilire vix credam. Linguam per longum tempus scholis publicis oblitam, iam non quidem ubique, sed nonnullis locis redivivam, certe laudemus. Poetae novi non producuntur.

Quis ergo scribit? Quis legat? Gyro vitioso in oblivionis gurgitem tendimus. Vel nemo vel paene nemo scribit, aut sua scripta edit, cum nullos lecturos homines expectet; legentes igitur curiosi poemata novissima indagare non possunt, Musasque apud professores nullum honorem habere recte existimant. Semper ab hodiernis in priscos poetas perlegendos necessario abducuntur. Scribimus, certe, pro propria delectatione, ad amicos interdum movendos, ut denique vos et tales coetus tam insolitos quam doctissimos alloquamur. Ad vatis Latini nomen nobis ipsis arripiendum non aspiramus. Stulte fortasse non aspiramus, cum lingua Anglia utentium turbae diversae se vates esse declaraverint.

Quot sunt scriptores apud nos? Nescio. Manus parva, ut opinor: sed quantis digitis remanentibus, unguibusque nonne demorsis? Meam reprehendo ignaviam, non solum scribendi, cum litteras non Latinas at Anglicas inter barbaros Septentrionis praecipue doceam, sed etiam quaerendi et investigandi ignaviam per aliorum scriptorum ambages occultiores. Nescio, nec admodum quaero. Sic cum professoribus multis consentio; illos tamen ignorantiae huiusmodi non piget. Musa spreta moritur. Ut Miltonus noster olim cecinit, 'Fame is the spur':[1] famam calcar esse, ne Neaerae blanditiis animos nostros usque tradamus. Famam tenuem privatamque petunt, qui Musam colunt aegrotantem.

---

[1] John Milton, 'Lycidas' 70.

Traditio carminis Latini apud scholas universitatesque nostras altissime repetenda est. Sunt iuvenibus certamina, Oxonii Cantabrigiaeque, paucis iam certantibus, bene autem adiudicata. Duobus etiam antiquis academiis prosa oratio est audita et divulgata, cum orator publicus doctores honoris causa salutat. Inter oratores recentes celeberrimus est Jacobus Diggle Cantabrigiensis, qui orationes suas selectas typis mandavit.[2] Versus aliquando sermoni suo orator feliciter miscet: poeta vero auditur, una saltem die festiva, ab audientibus quibus est opus versione Anglica, quos et fluctus orationis clausulaeque Ciceronianae tundunt, superfluunt, quasi harenam intactam pristina ignorantia madentes relinquunt. Si Stephanus Hawking versibus Lucretianis laudetur,[3] tot homines vatis numeros vere sine versione intellegere possint, quot ipsius Hawkingi numeros mathematicos incredibiles pernoscant. Orator igitur quamvis publicus tantum privatim aestimatur.

Sin autem privati florent poetae, famam et honorem inter paucos habent doctos. Floret (et diu floreat) proximi aevi exemplar rarum; nam priores discipuli versificando sudabant, ad laborem nostris ignotum assuefacti, saepiusque artem diligere discebant. Exemplar spiritu iuvenis, annis grandaevus est Franciscus (F. J.) Lelièvre; is ante bellum Cantabrigiae studebat (1936–9) — collegium quidem sanctae Mariae Magdalenae parvum pauper pulcherrimum habitabat circa quinquaginta annis antequam illuc doctorandus ego ipse migravi. Abhinc uno duobusve mensibus (22 Maii 2002) Lelièvrius mihi scripsit epistulam, in qua inter alia ieiunum de novis scriptoribus legendis studium lamentatus est,[4] unumque e libellis suis benignissime donavit, titulo *Serus Vindemitor*.[5] In Lelièvrii operibus Musam vicesimi aevi propriam videmus: modestam, lepidam, domesticam.

Stylus Lelièvrianus praesertim occasiones privatas commemorat; liberos nascentes, amicorum dies natales salutat. Familiares alloquitur, non Maecenates magnanimos. Rarius igitur peregrinos doctos carminibus honestat, e.g. (manuscripto mihi dato, nec typis excusso) professorem Lisbonensem, *Euphrosynes* editorem, poetamque callidum iam demortuum, F. Rebelo Gonçalves. Publicae tamen laudi haud addictus, nisi societas vel Horatiana vel Virgiliana festo carmine careat. Versu alacri vegetoque nepotem suum compellat, puerum ludo lutulento habilissimum; ionicis a minore in roboris certamen ruimus:

Catus hostes celerato pede falles, et eosdem
Regionem prope nostram insinuari temere ausos

[2] James Diggle, Cambridge Orations 1982–93: a selection (Cambridge, 1994).
[3] Diggle, Cambridge Orations p. 50.
[4] '... there is so little interest in new Latin verse these days'.
[5] F. J. Lelièvre, Serus Vindemitor: new Latin poems in various metres (Great Barford, Bedfordshire, 1995).

Alacer robore pelles.[6]

Vis rhythmica paene mihi persuadeat ut ludo hoc insano fruar, nisi pueritiae in ludos saevissimos coactae memoria intrudat. Sane ad Horatium alludit Lelièvrius, iuvenem catum ludis antiquis celebrantem.[7] Numeris raris atque difficilibus facete apteque utitur. Quos numeros pari felicitate electos vidi ab aliis Britannicis. Nam quidam novum (circa 1950) saltandi morem descripsit attonitus:

Cata virgo, fera feles, socios mittit in altum et
Cito volvit resupinos triplici aestu Furiarum
Veluti turbine raptos.[8]

Quanquam inter haec poemata saeculi dimidium est elapsum, natura vix differunt. Vita iuvenum a senioribus risu caritateque celebratur, circulum angustum privatum sospitem Musa frequentat, prisco lepore ad novas res admixto. Periculosum maioris audaciorisve vatis conatum evitat. Itaque modestia sua iuste fretus libellum incipit Lelièvrius:

Ne probro mihi sit, benigne lector,
Quod parvum hoc opus est, parumque libri
Dignum nomine. Rarius Senectae
Vult Musa ire comes, nimisque dura
Flacci regula, quae novum poema,
Conclusum tenebris situque cistae,
In nonum latitare iussit annum.
Ergo carmina pauca nunc recludo,
Felix dum placeant notamque vitent.[9]

Hendecasyllabos callidos laudo, et sententiam sapientem. Alia nonum premantur in annum, alia in lucem quam celerrime agantur. Catullo et Horatio (si de talibus coniciam) haec placeant, usque ad verba ultima, 'notamque vitent'. Officium vatis erat famam petere, non evitare, secundum antiquos. Licet Lelièvrius noster notam censoriam evitandam esse significet, criticorum notationem poeta periclitetur. At Horatius, cum sit Epicuri de grege porcus,

---

[6] Lelièvre, Serus Vindemitor p. 18, 'To my grandson, England Schools [Rugby football] XV, Twickenham'.

[7] Vide Horati Carm. 3. 12. 10, *catus idem ...*

[8] A. E[ustance], 'Ad Neoteddiam' ('Ode to a Teddy Girl of the 1950s'), apud N. A. Bonavia–Hunt, Horace the Minstrel (Kineton, 1969) p. 176: anthologia gratissima, qua Lelièvrius ipse apparuit. Eodem metro et p. 228, a T. W. M[elluish], 'Ad Erycum' (de puero catapultis gaudente).

[9] Lelièvre, Serus Vindemitor p. 1.

vix ad famam poeticam augendam conniti desinat; Epicurus vitam abditam degi iussit (*lathe biosas*), ambitione tamen vescitur vates.

More multorum Angliae poetarum, ad verba Anglica in Latinos reddenda versus saepe se vertit Lelièvrius. Excerptum de Samuelis Pepys diario celeberrimo in sermonem Horatianum iucunde transfert.[10] Quod quidem excerptum sic finit: *iocus hinc multique cachinni* post pediculos in lecto Pepysiano inventos; talium fabularum lector, si non cachinnis sit convulsus, saltem modice subrideat. Cuiusmodi scripturae satyra non mordere solet; hamulos interdum suaviores acuit. Vos acroasin nunc auditis. Animos vestros viginti hexametris bene descripsit Lelièvrius:

Omnia non memini quae tunc sunt dicta — fatebor:
Sed si paulisper quasi somno lumina clausi,
Nemo me citior plausit, sermone peracto. ...[11]

Vos, si vultis, me dicente dormiatis. Dormiant, ut forsan orator priscus dixisset, dum plaudant.

Adhuc vobis hodie dedi (praeter dormiendi occasionem) pauca de privatae versificationis Anglico modo. In forum publicum rarissime Musa Latina erumpit. Nuper tamen versus Latinos vidit (si non omnes comprehendit) magna pars nationis. Hoc enim anno (2002) eventus erant Britannicis publice commemorandi duo maximi, videlicet mater reginae post saeculum universum denique moriens, et regina ipsa Jubilaeum agens aureum. Quae Latino carmine celebravit Oxoniensis quidam, nomine Hugonis Lawson–Tancred gaudens, qui et alia modico plausu ac nonnullis erroribus canebat. Haud dubium, quin alii alia scriptitarent. Hugonis tamen effusiones publicabat ephemeris magni momenti, cui titulus est 'The Daily Telegraph'. Ecce vates Latinus qui homines permultos honestos mane ad prandium oblectare turbare irritare sinatur. Quare (pro pudor!) ephemeridis editor hoc permisit? Ephemeris ista clarissima nuntios sive acta diurna lucide praebet; principatui Blairensi fortiter se opponit; et e diurnis apud Anglos prudentioribus maximam habet circulationem plurimosque legentes (nam tabulas rubri capitis in usum stultissimorum paratas praetermitto).

Editor illius ephemeridis, Carolus Moore, sine dubio iocis fruens, legentes suos insolita voce titillare voluisset. Rivalem et Hugo excitavit. Rivalis ille Cantabrigiensis Oxonium superare petebat; Hugonis et artem haud admodum aspernatur, sed vitia comperit, versionem Anglicam (qua plures necessario utantur legentes) tanquam a cane rauco ineptissime latratam esse considerat.

[10] 'Benighted in Wiltshire': Lelièvre, Serus Vindemitor p. 10–11.
[11] 'The Lecture': Lelièvre, Serus Vindemitor p. 15.

Nomen rivalis est Kwasi Kwarteng: vir ater, longus, latae doctrinae peritissimus. Academia relicta in civitatis Londinensis campos arduos divitioresque laboratum se movebat. Argentariis tabernis cotidie negotiatur, mentemque artibus recreat. Kwasium carminis elementa iamdudum ipse docui, etsi famae minimam mihi partem accipiam, cum Kwasius collegii Trinitatis superba fruens scientia praeceptoribus numquam caruisset.

Aemulatio editori placuit. Ergo de Jubilaeo reginae aureo non carmen tantum singulare editum est, sed eadem ephemeridis pagina amborum (et Hugonis et Kwasii) odae inter se comparandae praebebantur. Kwasius Sapphico metro confisus, Hugo et Alcaico. Inter quos diiudicare non velim. Natura laudandi hac acroasi potius scrutanda. Publice dicens et copiam accipit ampliorem, et risus publici periculum. Quae cum ita sint, ad hunc apte laudandi finem lingua Latina dignitatem obscuritatemque inter commoda ducat. Non numquam poeta rem simplicem grandiloquo cantu profiteatur. Kwasius igitur reginam Elizabetham *dulce diversis columen Britannis* appellat: versus concinnus, sententia vix sit culpanda; Britanni sunt sane diversi. Inter blanditias et adulationem esse limitem dubium putemus, quem Horatius ipse temere transiret. Ita inter laudem ludibriumque fortuitum limes subtilissimus. Hugonis initium laudo, ubi *aurum* Horatiano vigore decantat:

Aurum superbis vestibus insitum;
Aurum petentis per mare praemium
Longinqua mercatoris; aurum
Consilio graviore dignum est.[12]

Recte, o Hugo, dixisti! Corruptos esse senatores nostros divitiis peregrinis saepius per eandem ephemeridem fastidio deprehendimus. Integram vitae reginam auream esse credimus, dum odimus Blairos, Chiracos, talesque fures publicae fidei pinguiores. Quam tamen sententiam vix in animo Hugonis fuisse credam.

Causam tamen aliam edendorum fuisse carminum suspicor, praeter Latinitatis aemulationem. Officium laudandi publicum nec habet Hugo, neque Kwasius. Quod officium occupat vir alius, multo insignior: poetam dico laureatum, Anglica lingua semper utentem, vel abutentem. Laureati munus Anglicani est antiquum, continua serie annos plusquam trecentos (ab anno 1668) superstes. Ut in aliis Europae nationibus lauri subinde poetis praestantibus donatae, ita apud nos, e.g. Johanni Skelton (c. 1460–1529) satyrarum rapidarum domino;[13] sed series laureatorum perpetua et famam lauris ampliorem et laureatos non nullos

[12] 'Gold ... is the payment due / for weighty councillors of state'.

[13] Non tunc dissimile doctoratibus nostris honoris causa; cf. Diggle, Cambridge Orations p. xiv.

fama protulit indignos. Post Edwardi (Ted) Hughes mortem, laureatum habemus Andream Motion. Virum prius praeclarum quam castigem, dubito haesitoque. Motion est apud Angliae Orientalis academiam professor admirabilis, multa pro litteris agit utilia, officium honeste exsequi difficillimum conatur. Quis sim castigaturus? Vir natu minor, fama minimus. Multi tamen Motionem castigant critici, et ego castigabo.

Dira est et operosa legenti poeseos Anglicanae hodiernae pars maior. Inter faecem felices scribunt fortesque poetae, litteras suas vigore nativo gerentes; quorum non est Motion laureatus. Motionem persaepe intellegere possumus, rarius admirari, nunquam amare. Etenim carmina eius sunt exilia, languida, Gratiis egentia. Si fortasse versum non illepidum produxerit, sequetur sine dubio bathos. Carmina ridenda iam primo lauri anno Motion condebat; nec deinde melius agit usu. Scrutemur versus hos publicos de morte reginae matris:[14]

... And delve inside our heads, and find
The harsh insistence in our mind
Which says we're honouring a time
That simply as a fact of time
Could only end, as also must
Our own lives turn from dust to dust.

Quomodo plenum ac indecorum Motionis horrorem vobis indicem, nisi forte Anglico carmine calleatis? Verba, mihi credite, Volusi novissima, cacata carta.[15] Latine reddere tentamus, stylo Volusiano:

... Et fodire in capita nostra, et invenire
Duram certitudinem in mentibus nostris
Quae dicit nos tempus honorare
Quod, simpiciter ut factum temporis,
Tantum finire possit, ut et vertendae
Vitae nostrae a pulvere in pulverem.

Numeris bonis Motionem illustrare haud audeam, ne vitiorum maiestatem infauste diluam. Sensum potius exactum dedi. Habemusne disiecti membra poetae, an monstri potius novissimi? Iterum ex eodem carmine:

Think of the buried body laid
Inside its final earthly shade,

[14] Andrew Motion, 'Remember this: an elegy on the death of HM the Queen Mother' (2002).
[15] Si ad Catulli probra descendamus, notandum est 'motion' Anglice merdam interdum significare.

In darkness like a solid cloud
Where weight and nothing coincide ...

Aut barbara mea Latina:

Cogita corpus sepultum iacens
In ultima terrena umbra
In tenebris velut solida nube
Qua pondus concurrit cum nihilo.

Philosophiae ignoscam, si bene dixisset; verbisque insulsis, si bene lauroque digne esset philosophatus. Abhorreo a mole Motionis vacua et invenusta. Sed officium suum laudandi commemorandique, ut meminisse debeamus, inter difficillima stat munera poetis oblata, quasi poculum venenatum. Alios poetas Anglica lingua fruentes non video, qui meliora tentare velint. Ecce causa potissima Latinitatis. Si ad Kwasium Hugonemque breviter nos revertamur: ephemeridis editor ille, ut mihi apparet, rem unam in primis monstrare Latine publicando petebat, Musam Latinam magis idoneam esse quam laureati nostri effusiones Anglicas.

Sic devulgata Musa academiae claustra praeterit, publicoque foro vagatur. Utrum hoc effugium saepe sit repetitum, futurum tempus patefaciat. Quaestionem eamque latiorem haec res mihi requirere videatur. Publici carminis in singulis omnibus linguis hodie, magis etiam quam praeterito, officium incertum, usus indefinitus, finis obscurus. Panegyrici magnam carminis Neolatini partem sumpserunt; num renovari possint, nisi a paucis optimisque scriptoribus?

Denique de poetis laureatis pauca plura dicam. Si Andreas Motion sit scurra infelix, lauros sustulerunt et vates multo maiores. Laureatus primus (serie continua) erat Johannes Dryden, poeta maximus. Difficultates habebat et tantus poeta. Unus e laureatis, officium suum (ob religionem fidemque erga regem Jacobum II, anno 1688 eiectum) amisit. Dum lauros etiam ferebat suas, poemata publica grandi voce condebat. *Threnodia Augustalis*, de morte regis Caroli II, est citata a Winston Churchill, bello primo incipiente.[16] At in hac magna *Threnodia* nutare putetur Anglus Homerus. Talia de morbo regis vix sine risu legere possum:[17]

The sons of art all medicines tried,
And every noble remedy applied,
With emulation each essayed
His utmost skill, nay more, they prayed:

[16] Roy Jenkins, Churchill (London, 2002), p. 244.
[17] John Dryden, Threnodia Augustalis (1685) pars 5, ll. 160–4 et 173–8.

Never was losing game with better conduct played. ...
... The extremest ways they first ordain,
Prescribing such intolerable pain
As none but Caesar could sustain;
Undaunted Caesar underwent
The malice of their art, nor bent
Beneath whate'er their pious rigour could invent.

Motionis barathrum longe evitat; Pindaricis Anglis Dryden dexter semper erat. Dolorem regis plusquam mortalia patientis descriptum vi veri poetae legamus horreamus subrideamus. Si breviter Latine vertam:

Artis enim pueri prompte medicamina tentant
Rivales medici, magnanimeque ruunt,
Cessante ingenioque etiam coepere precari:
A victis lusus melius non luditur umquam.
... *Extrema praescribuntur in primis dira*
Tormentumque iubent intolerabile,
Quod nemo praeter Caesarem ferat magnum:
Impavidus Caesar noxia perpetitur
Nec flectitur rigore sub pio curae.[18]

Ars sit denique difficilis panegyricum de tali materia condere elegantem. Quamvis ad pensum arduum incumbat, et Latine et Anglice utilis esse publico foro Musa videatur. Dixi.

---

[18] More Pindarico versibus mixtis usus sum: hexametris, asclepiadeis, scazontibus, pentametris: quod fortasse explicandum est. Mos Pindaricus (quamquam metra ipsius Pindari non sequebantur) saepe scriptoribus Anglis (et Anglice et Latine) saeculi decimi septimi placuit, cum fas sit modos insolitos miscere. Ergo his nugis meis, experimenti gratia in poemate Neolatino componendo, talia scripsi: (1, 2) elegi (3, 4) hexametri (5) scazon (6) ascepiadeus primus (7) scazon (8) pentameter solus (9) scazon.

Pädagogische Lenkung als Sonderfall dichterischer Wortmacht. Interpretation eines Gedichtes von Anna Elissa Radke[1]

WALTER WIMMEL

Ad C. S., quae lectioni Latinae non interfuit,
quia equus eius morbo quodam affectus erat.

Cur, Carolina Amazon,
dic mihi, cur sit tibi equus maxima cura amorque?
Cur stabuli laborem
artibus praefers studiis dedita nunc equinis?

Esse tuum adiuvare
semper et servare animal quadrupedemque amicum,
et medicos vocare, ut
ungulam claudam inspiciant invalitudinesque?

Te duce equus valescet,
te feret cursu rapido per nemora atque campos!
O eques erudita,
forte nutrita es ut equae lacte prius Camilla.

Est equus et Medusae,
Pegasus, qui te, Carolina, evehet ex arena
pennigeris ad astra
versibus vatum veterum perque Latinitatem!

An C. S., die in der Lateinstunde fehlte,
weil ihr Pferd erkrankt war.

Sag, Carolin, du kühne
Reiterin, warum ist dein Pferd jetzt deine größte Sorge?
Warum ziehst du den Stalldienst
jetzt der Dichtung vor, widmest dich jetzt lieber Pferdebüchern?

Sagst, daß es deine Pflicht sei,
helfend beizustehn deinem Pferd, Mitkreatur und Freund auch,
Ärzte zu rufen, daß sie
seine Vorderhand inspiziern, Krankheiten auch behandeln.

Du wirst dein Pferd kurieren!
Bald schon wird es dich im Galopp tragen durch Wald und Felder.
O kleine Amazone,
wie Camilla hast du vielleicht Stutenmilch einst getrunken!

---

[1] Dieser Aufsatz erschien in leicht veränderter Form in: Forum Classicum, Ausgabe 1/1999.

Kennst du das Pferd Medusas,
Pegasus, der dich, Carolin, aus dem Parcours davonträgt
bis zu den höchsten Sternen
auf der Dichtung Fittichen und Worten der alten Römer?

Der Beruf des Dichter–Lehrers oder lehrenden Dichters hat in Marburg — vor allem in Verbindung mit der lateinischen Sprache — eine ehrwürdige Tradition.

Eobanus Hessus (aus Haina/Halgehausen) und Euricius Cordus (aus Simtshausen, beides Orte bei Marburg) waren europaweit führende neulateinische Dichter ihrer Epoche, der frühen Lutherzeit. Als Lateinlehrer hatten sie manchen Kummer und viel Ungerechtigkeit in deutschen Städten und Schulen zu erdulden, bevor der hessische Landgraf Philipp durch Professorenstellen an der neugegründeten Marburger Universität für sie sorgte.

Auch heute zählt ein bedeutendes neulateinisches Dichtungstalent zu Marburgs Einwohnern. Anna Elissa Radke wurde der lokalen Öffentlichkeit durch einige Verhandlungen am Arbeitsgericht bekannt, wo sie um ihre Position als Lateinlehrerin an der Marburger (staatlich geförderten) Waldorfschule zu kämpfen hatte.

Ihr Dichtertum geht bei der sprachlichen Lehre nicht nebenher, sondern gehört zum pädagogischen Konzept, wie besonders in ihrem neuesten Gedichtbuch deutlich wird (Ars paedagogica, Würzburg 1998, vgl. Andreas Fritschs Besprechung, Forum Classicum 4/1998, 123ff, sowie A. E. Radke, Die Sprache lehrt die Schüler, in: F. Maier (Hg.): Latein auf neuen Wegen. Bamberg, Buchner 1999 (Auxilia 44), 66–86).

Es dürfte hilfreich sein, an einem Einzelfall aus diesem Gedichtbuch zu exemplifizieren, auf welchem Sonderweg der Didaktik der lateinische Sprachunterricht (neben der üblichen und von Radke sogar streng ausgeübten Lehre) alternativ gehen kann, und was dabei zu gewinnen ist.

Ich schlage Seite 40 auf. Da findet sich, in kunstvollem horazischen oder sapphisch–horazischem Versmaß, lateinisch und deutsch, das Gedicht über eine junge Reiterin und ihr Pferd. Der Text hat eine Adresse, einen Vorspanntitel. Er lautet: “An Carolina S., die in der Lateinstunde fehlte, weil ihr Pferd erkrankt war”. Das ist der auslösende Tatbestand. Er hat etwas Vertrautes.

Der Leser spürt unmittelbar die damit gegebene schulische Spannung und Frage heraus: “Entschuldigung oder Ausrede?” Und die Überlegung der Lehrerin, die in solchem Falle wohl erwägt, ob sie rügen oder die Sache durchgehen lassen soll. Und umgekehrt von Carolina kann man sich vorstellen, daß sie sich bei dem Entwurf der Entschuldigung gefragt hat, in vorauseilendem

Trotz sozusagen: "Bin ich nicht voll im Recht und müßte eigentlich gelobt werden für meine Fürsorge?" Und: "Geht Fürsorge nicht vor Latein?"

Diese Doppelerwartung trägt in den Zusammenhang hinein. Doch läßt die erste Strophe schon einige Bereitschaft der klugen Lehrerin ahnen, etwas von ihrer schulischen Rechtsposition aufzugeben:

Cur, Carolina Amazon,
dic mihi, cur sit tibi equus maxima cura amorque?
Cur stabuli laborem
artibus praefers studiis dedita nunc equinis?

Sag, Carolin, du kühne
Reiterin, warum ist dein Pferd jetzt deine größte Sorge?
Warum ziehst du den Stalldienst
jetzt der Dichtung vor, widmest dich jetzt lieber Pferdebüchern?

Ihre Fragen sind zwar druckvoll und heischend, reichern sich aber, während der ganze Sachverhalt deutlicher wird, mit Verständnis an. Umso mehr, als auch der "Pferdedienst" seine Bücher, seine eigene literarische Seite hat, im rivalisierenden Sinn freilich.

Doch tritt mit der zweiten Strophe das Verständnis noch mehr heraus. Der Anteil an Vorwurf verflüchtigt sich weiter. Und im Fragen entwickelt die Autorin die Argumente des Mädchens so einsichtig fort, als ob es die eigenen wären. Als da sind:

Die Pflicht der jungen Pferdebesitzerin, sich dem Tier als Freund und Mit–Kreatur zu widmen; Ärzte heranzuziehen, um seine Leiden am Huf und insgesamt zu diagnostizieren. Dann wird der Heilungserfolg nicht ausbleiben und die Reiterin wird die Führerin (*dux*) zur Heilung gewesen sein, so die dritte Strophe. Und verdientermaßen werden Reittier und Besitzerin, wiedervereinigt und in neuer Frische, durch Wald und Felder jagen können.

Nicht nur Insidern wird schon aufgefallen sein, daß wir im kurzen Gedicht so etwas wie eine sanftere Version der Erzählung vom "Pferdeflüsterer" vor uns haben (obwohl die Dichterin dieses viele Tierfreunde auswählende künftige Kultbuch sichtlich nicht gekannt hat).

Es handelt sich dort um die Geschichte eines Reit–Unfalls durch Kollision mit einem gigantischen Lastwagen auf glatter Fahrbahn. Pferd und Reiterin (Schülerin auch sie) erleiden schwerste Verletzungen. Der Schulabschluß wird fraglich: die Familie gerät an den Rand der Zerstörung. Nach der Heilung des fast hoffnungslos verletzten Pferdes (die zugleich ein langwieriges psychotherapeutisches Problem stellt) kommen Mädchen und Pferd in Befreiung und Genesung wieder zusammen.

Das entspricht auch dem Verlauf in unserem Gedicht, wo ein bakchantisches Bewegungserlebnis das Fest der Wiedervereinigung in freier Natur krönt. — Solches Fest hat seinen Wert in sich, und das Gedicht könnte zuende sein. Und die Autorin trägt die versäumte Lateinstunde nicht nach. Vielmehr wird Carolina mit der altitalischen Reiter–Amazone Camilla verglichen und damit in die Welt der Latinität nachdrücklich wieder aufgenommen.

Man meint, jetzt fehle nur noch eine Schlußfolgerung dieser Art: "Also, Carolin, lerne Latein, da bist du richtig: Auch bei den Römern gab es weibliche Pferdeleidenschaft." Aber so endet das Gedicht nicht. Denn da übersteigert plötzlich eine ganz andere Pointe den Erwartungshorizont:

Est equus et Medusae,
Pegasus, qui te, Carolina, evehet ex arena
pennigeris ad astra
versibus vatum veterum perque Latinitatem!

Kennst du das Pferd Medusas,
Pegasus, der dich, Carolin, aus dem Parcours davonträgt
bis zu den höchsten Sternen
auf der Dichtung Fittichen und Worten der alten Römer?

Nur scheinbar steht diese letzte Strophe parallel zur vorletzten. Aber Pegasus ist nicht ein Geschöpf wie Camillas Pferd. Und wenn im gedanklichen Experiment Carolina das geflügelte Dichterpferd beritten macht und so zum Himmel von Poesie und Weltenschau getragen wird, dann ist das kein unverbindliches Angebot aus der Konvention der Dichtungsmetaphorik. Vielmehr wird alles Schulische überschattet durch den Lebensernst, durch das intellektuelle Risiko, dem sich jeder stellen muß, der sich heute auf das Leben, Sinnen und Singen in den alten Sprachen einläßt. Pegasus ist kein spielerisches Gleichnis für Dichtung. Denn mit seiner makabren Geburt aus dem Halsstumpf der geköpften Medusa (an die der Text erinnert), dann mit dem schrecklichen Trauma vom Siegeskampf und späteren Todessturz seines Reiters Bellerophon, bekommen die peinvoll nervösen Hufschläge des Pferdes, aus welchen Dichterquellen entsprungen sind, eine andere, ungewohnte Wertigkeit. Es ist kein leichtes, kein unbedingt verlockendes Los, das mit dem Himmelsflug der Dichtung ausgedrückt wird. Pegasus ist ein Schicksalswesen, kein Glückspferd. Das antike Bild vom ebenso strahlenden wie leidvoll befangenen Götter–Roß ergibt einen zwingenden Abschluß. Es spendet dem gegenwärtigen Vorfall jene zeitenmächtige Transparenz und letztlich heilende Harmonie, die sich aus eigenem, bloß–jetzigen Vermögen nicht mehr einstellt.

Eine Lehrerin, die ihre Schüler derartig mit dem Lernproblem und dem Altsprachenproblem zugleich in die Fragen der weitesten menschlichen Existenz hereinzunehmen vermag, bietet meines Erachtens ein sehr hohes Maß von dem, was man von Erziehung überhaupt erwarten kann.

II. Neuere neulateinische Dichter / Poetae Neolatini recentiores

Ad meas Alaudas

KARL HEINRICH ULRICHS

Quid, meae, quid, parva cohors, alaudae,
Vultis, aut cur sic agitatis alas?
Spernitis nidum? Cupitis secare
Aera pennis?

Sit ratum. Iamjam licet. Evolate
Hinc, ubi rubris sub amygdalorum
Floribus per saxa ruens Alerni
Volvitur unda,

Hinc, ubi candens nive Grande Saxum
Surgit, ostendens maribus duobus
Verticis sublime caput. Canentes
Linquite nidum

Atque sub dio volitate. Saevi
Vulturis curvum caveatis unguem;
Quod ruens coelum cadat et premat vos,
Hôc minus angor.

Quo libet vobis licet evagari,
Sive trans Alpes, ubi Rhenus infans
Undat et cana rosa rupe pendens
Ridet ad aethram;

Seu libet circumvolitare tectum
Regiae, quae rege suo stat orba,
Et procul tam cara meis ocellis
Visere rura.

Amplius, si vos agit haec cupido,
Talis et vestris teneris in alis
Vis inest, spumantia transvolate
Aequora ponti

Et supra fluctus rigidas ad oras
Aerem tranate, meae volucres,
Circulos volvens ubi celsiores
Ambulat Ursa.

Neu timor, ne, quod canitis, sub illo

Axe non sensu capiant rogentque:
"Quid canunt istae?" Quod alauda ludit,
Id capit orbis.

Si tamen vobis nimis asper ille
Aer aut nubes ibi frigus halant,
Tum sub hoc coelum reduces volantem
Flectite cursum.

Tum supra myrti nemus aut olivae
Hic citra montes, ubi pulchra laurus
Germinat sertisque viret racemus,
Fundite cantus,

Hic, ubi fulgens patet altus aether,
Intuens marmor vetus et columnas
Doricas, cinctas hedera virenti,
Templaque cana,

Hic, ubi rupes maris aestuantis
Spumei fluctus feriunt gementes
Et sacra fervens sine fine pontus
Tingitur aetra.

Vita

Karl Heinrich Ulrichs a. 1825 natus se dedit studiis iurisprudentiae Gottingae, edidit ephemeridem *Alaudae* a. 1889, quae prodiit in lucem usque ad mortem eius a. 1895.

Textus Recentissimi

Manfred Hoffmann

1 epitaphium cuiusdam architecti

vae, tellus oppressa tuis iacet aedibus: ergo
nunc premit in tumulo iure cadaver humus.

2 amor irritus

nulla placent cordi tam gaudia, quam dolor ille,
quod tua fixa animo forma decora manet.

3 ad amicam paralyticam

membra levare nequis stratis tua, nostra levare
pondere curarum corda gravata soles.

4 planctus

Musa, veni atque aures ululatu tunde sonoro.
Tempus avi simile est celeri, quam nec valet auceps
Irretire homo nec fugientem fallere visco.
Namque horas quotiens temptat prohibere volatu,
Praetereunt neque praeteritas tenet arte dolosa.
Temporis in puncto captivam degere vitam
Cogitur: heu, semper praesentis compede vinctus
Stare loco nescit, vestigia vertere nescit.
Omnia namque trahit torrentis imagine secum
Temporis unda rapax fluidi, nihil arcet aquae vim.
Decipiunt homines aevi simulacra remoti,
Ne mente indagent, quibus arto in carcere saeptos
Momentum solidis premat unumquodque catenis.
Cordis enim speculo manet indelebilis aetas,
Quae dudum amissa est, simul ac post terga recessit.
Quin etiam mortale genus pede quaerit adire
Sacrilego loca adhuc nebulis velata futuri
Atque oculis animi iam quid fugiatve petatve
Intuitur, ceu vera fuant phantasmata vana.
Sic quod erat vel erit vice nos praesentis habemus,
Ne breve praesentis spatium nimis urgeat angens.
Octonos ter vixi annos, bis et adde quaternos:
Quomodo praescripto rapiar per saecula cursu
Nec curvare gradum deserto tramite possim,
Perspexi penitus. Quo sors negat usque quietem?

Ad Gerardum Alesium poetam egregium

Esse putas aliquid tua iamque interprete docto
carmina digna, licet luce fruaris adhuc.
Ast ego te vivente nego, sed post tua fata
illustrabo libens singula quaeque notis.
Quare id sic faciam, quaeris? Si nunc quid inepte
explicet interpres, carmine dignus erit.

Ad David Nummarium (vulgo "Money")

Nescio, quot tibi sint nummi, tamen hoc mihi constat:
ditior es versu, quem tibi Musa dedit.

De culicibus Opoliensibus

Summe opifex, animal verbo prius omne creasti:
nunc tantum verbo dic, culicesque aberunt.

Sermo de culicibus Silesiis

Sermo noster, sorores et fratres dilectissimi, hodie erit de culicibus. scio complures vestrum aegre ferre, quod vos tota nocte circumvolitent ac pungant haec parvula animalia, et vos eis quasi bellum indixisse. quae res plane absurda est. nam idem Deus, qui omnia creavit, etiam culicibus vitam dedit. quod ipse Deus ex nihilo esse voluit, nobis pro nihilo habere non licet, quia iubente Deo est et erit usque ad ultimam diem. num quisquam tam stultus est, ut putet aliquam Dei creaturam non utilem, immo perfectam esse? recte beatus Augustinus Manichaeos vituperat, qui quaerere solebant (gen. c. Manich. 1,16,25):

> *quid opus est ut tam multa animalia Deus faceret, quae hominibus non sunt necessaria? multa etiam perniciosa sunt et timenda.' 'sed cum ista dicunt Manichaei', respondit Augustinus, 'non intelligunt quemadmodum omnia pulchra sunt conditori et artifici suo, qui omnibus utitur ad gubernationem universitatis.*

at forsitan non videtis, isti culices quid boni vobis afferant. nolite timere! facilis et perspicua est res: scilicet hic sumus in terra, quae tam felix est mira hominum comitate ac hospitalitate, ut apte nomen Elysiae prae se ferat. periculum igitur est, ne nos credamus iam vitam degere in caelesti illa patria. itaque Deus benevole affert nobis aliquantulum molestiae, ut nos admoneat hominem non debere terrae deditum esse, etsi pulcherrima est, sed caelo.

dicet aliquis: at licet nos pungant, saltem nostro sanguini parcant! sed considerate illud psalmorum (psalm. 144,15): *oculi omnium in te sperant et tu das escam illorum in tempore oportuno.* unde plane liquet Deum omni creaturae providere, ut cibum accipiat. gratias Deo agimus, quia nostro auxilio utitur in culicibus nutriendis! Christus enim sanguinem suum pro nostra salute dedit. ita et nos decet sanguinem nostrum culicibus dare, ut memores simus sacrificii redemptoris nostri. hoc modo natura nobis speculum praebet religionis nostrae.

quin etiam sensus moralis in culicibus latet. nam dolor, quo nos vexant, nobis signum est, quam dirum facinus sit e proximis sugere sanguinem, id est eos vel bonis suis fraudare vel vita privare. saepius enim sanguis pro vita ponitur, ut in proverbiis (prov. 12,6): *verba impiorum insidiantur sanguini*, id est vitae nostrae. hoc modo monemur, ne contra mandata Dei peccemus, quibus iubemur: *non furtum facies; non occides* (ex. 20,13.15). si nunc autem quaeritis, quae interpretatio inter hanc atque illam de sanguine Christi potior sit, respondebo: nescio, sed nihil interest. tam grandis enim et profundus est sensus, quem Deus nobis in imagine horum parvulorum animalium demonstrat, ut oporteat plures interpretationes admittere, si quis hunc sensum capere velit.

nec non medicinam Deus in culicibus nobis praebet. nisi enim hae bestiolae demerent nobis quod nimium sanguinis habemus, propter abundantiam huius humoris sine dubio fieremus homines sanguinei. de his legitur in quibusdam scriptis de quattuor humoribus corporis, id est de temperamentis, eos esse viros fortes, sed studiis humanioribus impares et plane barbaros ac incultos. quod procul absit a nobis!

postremo arrectis auribus accipite iudicium, quod Virgilius ille de culicibus tulit. quem quis nesciat poetam non solum egregium, sed etiam christianissimum fuisse. cui Deus noster divino spiritu afflante praesagium dedit, ut in ecloga quarta praedicaret adventum Domini nostri Iesu Christi. hic encomium cuiusdam culicis scripsit, qui singulari virtute praeditus erat: pastori somno obruto serpens mortem illaturus erat. serpens *naturae comparat arma: ardet mente, furit stridoribus, intonat ore, flexibus eversis torquentur corporis orbes, manant sanguineae per tractus undique guttae* (Culex 178–180). at culex stimulo suo serpentem funestum appropinquare indicavit pastori, qui hoc modo expergefactus incolumis evasit e periculo. audite, fratres ac sorores! nam iste serpens quis est nisi hostis antiquus? ergo culex nos contra diabolum defendit! sed homo iratus propter levissimum stimuli dolorem culicem occidit. nec mirum: nam etiam nos homines Christum occidimus, qui nos stimulis sermonis sui levissime pupugit, ut nos de diaboli insidiis admoneret. postea tamen non solum nos caedis paenituit, sed etiam pastorem illum Virgilianum. itaque culici tumulum posuit eumque benedixit in inscriptione tumuli, sicut et nos constanter benedicimus dominum cantione, oratione, cogitatione. Virgilius ergo auctor nobis erit culices aeque ac Christum redemptorem nostrum semper amandos, laudandos, honorandos esse, non trucidandos.

ex antiquo quodam codice Opoliensi descripsit Manfred Hoffmann.

Vita

Manfred Hoffmann natus est A. D. MCMLXIX. Gottingae et Edinburgi immersus studiis philologiae classicae et Mediolatinae nonnulla in lucem edidit, in quibus plerumque de Statii Thebaide eiusque imitatoribus agitur. nunc ad doctoris gradum promovendus quaestionem sibi proposuit de Alcimo Ecdicio Avito, poeta Latino antiquitatis tardioris, qui partes pentateuchi versibus heroicis aptavit.

Carmina

THOMAS LINDNER (SALISBURGENSIS)

I. Lindau (*Lyr. Lat.* I rev.)

Cara mihi es, Philyraea, mera circumdata lympha,
Insula parva quidem, sed et urbs latissima laude.
Quam tuus aspectus cunctos inflammat amoenus!
Te rursumque iterumque beato corde saluto!

Quaeque domus decorabatur splendore decenti,
Pluraque sunt ritu proavorum insignia fixa.
Conspicua multi nonnullas naviter arte
Artifices aedis restauravere novandas.

Quam placet inde tuos hortos transire patentis
Floribus ornatos crebris et caespite molli:
Non pote imaginibus saturari pupula capta.
Verte gradum portumque subi, spectator, et adsta!

Quam sublime leonis imago protegit urbem!
Attentis oculis sedamen civibus illud
Conspicit, ut tutela, novos appellere lembos.
Sic in perpetuum maneat tibi tanta venustas!

II. Die Jahreszeiten (Gedichtzyklus)

Ver

Caerulei splendoris adest decus, eia, canamus
Laetitia feti carmen, celebremus adulti
Munera — gaudentes reditu — speciosa diei:
En nobis iterum vitalis redditur ardor!

Quisque miser tepida iamdudum luce carebat,
Quisque diu solem desiderat: horricomis nox,
Frigus edax homines et hiems torquebat iniqua.
Denique, Phoebe, redis et pascis lumine corda.

Nunc bona cum variis ornantur floribus arva
Elicitis terra radio stimulante tenello.
Lene beant zephyri campos ventique calentes
Hos comitant tenero mulcentis gramina flatu.

Gemma poli, radios nobis admitte serenos,
Unde nova vita membris repleamur egenis.
Caerulei splendoris adest decus, eia, canamus

Laetitia carmen veris, celebremus amantes!

Aestas

Diffugiunt tenebrae pulsatae lumine Eoo
Paulatimque polum subeunt dilucula canum
(Namque invisibili noctem deprivat amictu
Mirificis urgens alboribus alta potestas).
Conspicuae iam iam surgit telluris ab imo
Margine postremo digitis aurora rubellis,
Fornicibus caeli subtexens tenvia fila.
Interea currente die vi candidus aucta
Sol oritur, potiore sororem lampade sectans,
Maiestas et rex caeli venerandus aprici:
Indicat assiduam vitam iubar atque iuventam.
Lene solum palpantur amoenis flatibus aurae
Ac varios flores ac mollia gramina campi
Poplite melligero pictis apis instrepit alis,
Nectare pasta bono celeri volat inde susurro.
Sensibili vix ascensu volventibus horis
Gemma poli pollet summoque in vertice sistit,
Perpetuis radiis vehemens loca subdita torret
Et validis terram fervoribus urit inermem.
Nullus inest exinde vigor, depulsus inique:
Arva, quibus sua vita fuit muscisque apibusque,
Nunc exhausta iacent raptoque liquore gemiscunt
Arboribusque color viridis decedit ob aestum.
Nec lacubus sua gutta manet: siccantur et umor
Schemata densescens describit in aëre parva,
Quaeque putas vidisse redarguerisque videndo.
Sic natura fatigata est et torpida languet,
Languet, luget, et inde siti vexata periret,
Ni deus altitonans, miseram miseratus, adesset.
Cum graviter terram cernit segetesque sitire,
"Venti, confestim pullos conquirite nimbos
Nubilaque", inquit, "adeste simulque afferte dolenti
Imbris opem Cereri: Phoebo praecludite portas,
Exhaustumque solum madeat viresque resumat!"
Nec mora, terrisono veniunt rumore procellae,
Partibus inflantes diversis, pellere nubes;
Appulsis faciunt molem: via lucis adempta est.
Fulgura continuo nitida nitidissima luce

Flammeoloque furore micant ac perpete bombo.
Et facies terrae nunc solvitur exoptata
Proluvie; breviterque deus fera fulmina vibrat.
En! subito nimbi tenuantur et imber alendo
Lenis in arva prius flaccentia decidit: eia,
Phoebe, nites et tu rutilus rursumque sagittas
Aureolas leviore quidem nunc impete mittis,
Aureolas, graciles quae guttas imbris aquosi
Findunt finduntur que vagoque colore retexunt.
Viribus assumptis iterum bona surgit arista
Et bibulus suspirat ager madidusque revivit:
Sic nova purgata natura renascitur aethra!

Autumnus

Dives adest autumnus; erit sine lumine terra,
   Solis et obliqui vis hebet imbre gravi.
Heu! tenebrae venient — at temporis ante fruamur
   Divitiis: Cornu copia reddit opes!

Autumnale decus! Fagi mutare colorem
   Coguntur viridem silvaque fulva nitet.
Arboribusque bonos fructus, sua poma, dat annus,
   Uvaque colligitur puraque vina fluunt.

Mane leves nebulae per campos serpere tristis
   Consuerunt: cedit sole tepente vigor.
Si calor, iste brevis; iam iam fallacia caeli
   Nubila producit canaque gutta cadit.

Frigora paulatim subeunt nova: dente rapaci
   Unguibus et miseris alba propinquat hiems.
Sic iterum casa nostra placet: cum ligna camino
   Perstrepitant, mentes mitigat alma quies.

Hiems

Tempus adest tenebris torvis et lumine lasso
Indutum mundusque vago velatur amictu.
Fessa dein fesso succumbit terra sopori
Et regio circum placide dormire videtur.

Atque vide: brumalis hiems et frigora furva
Adveniunt comitante gelu nimbisque nivosis
Occultare levi lucos nive, lambere campos
Limpidulaque lacus glacie glaciare latentis.

Urbs quoque cum domibus dulci tacet abdita somno:
Pulvere perpetuo magis et magis aether amoenas
Aedis atque locos, statuas hortosque dealbat,
Ut niteant ampli pallenti lumine vici.

Denique sic nobis contingunt otia grata
Aegrius afflictis tremula trepidaque diaeta.
Nam tranquilla iuvat requies placatque labore
Exhaustos: suavi tandem fundemur amomo.

III. Elevis

Quis te surripuit, quis te stupravit adulter,
   Culta mihi cum sis instar, Elevi, deae?
Te periisse tamen non nescio; sin aliquando
   Altera mi occurrat, rufa puella, nihil
Cuncter et exspectem, sed, crede, potentius actem!
   Illa mei thalami certa sodalis erit.

Vita

Thomas Lindner, geb. 1968, ist am Fachbereich Linguistik der Universität Salzburg tätig. Seine Arbeitsgebiete konzentrieren sich auf Indogermanistik und lateinische Sprachwissenschaft, hier vornehmlich im Bereich der historischen Grammatik und Lexikologie. Als neulateinischer Dichter ließ er sich nicht nur von klassischen Paradigmen inspirieren, sondern suchte auch experimentelle Zugänge in sprachlicher wie literarischer Hinsicht. Seine Gedichte sind in dem Band *Lyra Latina* (Wien, Edition Praesens, 1997) publiziert.

Carmina

Gerd Allesch

Delecta ex epigrammatum libello

II. Haiku

Ros evanescit:
isto cum spurco mundo
quid mihi rei est?
Issa.

V. Ad quandam

Tres mihi misisti mea cum fortuna vireret
umentes Cypriae purpureasque rosas.
Non breve tempus amo. flores mihi sunt in honore
pallidule arentes: sic tuus aret amor.

VII. Ad quandam

Te voluisse quidem mecum traducere vitam
et sperasse diu — dura loquella tua est.
Omnia facta mea culpa — mea pectora figis.
Ai, quod non licitum est posse dolore mori!

XIV. Ex Anglico Ezrae Pound

'Grates quidquid erit' dicens avertitur illa.
ut solis radii quondam in pendentibus herbis
vanescunt vento florum cum serta moventur
a me discessit. sic est: quodcumque futurum est
una fuit solis plena hora deique superbi
non re se iactare queunt ulla meliore
illam spectavisse horam quam praetereuntem.

XV. In modum Haiku

Nives quas cepi
manibus fiunt tepens
ros lacrimarum.

XVI. Ad quendam professorem de creatione ex nihilo

Subest nihil, si fit creatio vera.
Ergo professor tu creatus es vere.

XVIII. Chloe

"Te iubeo salvere, Chloe, quam bella videris!
ut Phoebes nympha aut ipsa soror Clarii.

Vis aliquid faciamus? erit nostra una voluptas
inflammet quae nos solvat et una duos.
Annuis: exsulto: quid ais? vae! perdere me vis!
praeservativo cur sine non potis est?
Obsecro si quid amas me porta posteriore
accipe iam rigidum, ne misere peream.
Ne dubita: culi noli trepidare dolorem
ne doleat, poteris scandere me: recubo."
Tunc ut Parthus equum velox equitavit anhelum:
contingat talis saepe puella mihi!

XXXIII. Ad Lauretanam

Pulcris Lauretana tuis sum captus ocellis
me fixere suis mollibus heu! radiis.
Usque trahunt ad se flamma nunc pectus adustum
flammatum excipiant oro madore suo.

XXXIV. Ad Cornutum

Quid Cornute putem, venuste noster,
quare sit tua dextra crassiore
forma tamque valens et Herculina
ut possis superare dodecathlon
dextra ista — tamen haud manu sinistra.
tenniludere num soles frequenter?
an tu fulmineus iacis veruta?
an certamine promines globorum?
an fortasse operaris in virectis
ferramentaque sunt tibi sueta
an quovis alio labore duro
exercere soles tuum lacertum?
an causa est, quod aves tuae maritae
semper cum solet ire ad emptiones
saccos ferre suavis aut canistra?
istorum nihil est. quid ergo? mos est
ipsum te nimium manu stuprare.

XXXV. Ad Lauretanam

Lauretana oculis frustra te luce requiro
at pulcram faciem sentio nocte tuam.
Somnia dant mihi te: non possum surgere lecto:
obsecro, Laura, meos redde benigna dies!

XXXVI. HAIKU

Liliae florent:
qui possum oblivisci
quod fuit quondam?
Shokyû–ni

XXXVIII. AD SODALES SUOS

Tempus adest festis. festum celebrate, sodales:
Lyaeus invitat rubens.
O numen faustum! praesens hoc vespere mite
dabis iocum, facundiam,
posse frui pulcro, Musarum dona movere:
amabilem cantum dabis.
Omnes exhilares et solvas me quoque curis
amore acuto percitum.

LI. LIMYROS/PYGMALION

Limyre, culpa tua est, longe gelidissime rivum
saxosae Lyciae, quam torruit atra Chimaera.
Nulla tuas utinam penetrasset femina ad undas!
Nympha fuit conspecta tibi miranda figura:
impulit, ut caperes bellam, te caeca lubido,
at fugiebat enim: comes unius illa Dianae.
Instas promissis fletu prece munere vique
et tandem vincis: corpus non illa dedisset
solum, sed semet tradit cum pectore toto:
deperiit tete. Sed non tibi vota supersunt:
amplius haud curans alios specularis amores.
Ah quotiens male sana est supplice voce precata:
"per si quid tibi dulce dedi: mollesce dolori,
concedas lacrimis Lyciae quîs vel fera cedat.
Pygmaliona ferunt ipsam emollisse precando
materiem duram, mira quam sculpserat arte:
saucius ingemuit spes nulla fuitque furenti
et tamen obdurans uni se servat amori.
Credere persta, Pygmalion: amor omnia vincit.
Perstitit infractus mente et — mirabile dictu —
quod numquam fieri potuit, prece perficit ille
vi Cypriae dominae puerique favore potentis.
Pygmalion felix! Tantum qui movit amando.
Molliri et tuus iste rigor deberet amori."

Fluctibus haec et multa super dedit inrita dicta.
Flectere nulla valens ac spreta exarsit in iras
ni posset desperato gaudere fruique
icta novis furiis ut saltem perdere vellet.
Conluctata diuque suos devovit amores:
ut quicumque tuas tetigisset molliter undas
perfidiae morbum traheret tabemque tenacem.
"quam non vis vitam tamen accipe, perfide," dixit
alte praecipitans se et gurgite ponit amorem.
Hinc meus ille dolor quo torqueor excruciorque.
Namque adamata tuarum ingressa est virus aquarum:
Taetro infecta tuo fit perfida corde veneno.

LV. VICIMUS!

Euhoe felices mea tempora cingite laurus
  Lauretana ferox ecce puella mea est.
Bellum bellatumst durum. Victoria nostra
  clarior est ideo carius et pretium.
Egregias inter resplendet nostra puellas:
  non potuit parvo Laura labore capi.
Quo magis exsulto rapiunt me gaudia totum
  ni moriar nimio sidere divus ero.
Optemus mea lux una ascendamus ad astra
  vita immortali nos liceatque frui.

LVI. EX GRAECO

(Anth. Pal. V 305)

Savia virgo dabat mihi vespere roscidulo ore
savia nectar erant, spirabant nectara labra;
me tenet ebrietas: multo sum potus amore.

LXVI. IN MODUM HAIKU

Caelum rubescit
per somnia sentio
auram labrorum.

Dedit stridorem
veteris horti porta
advenit illa.

Linteum candet
spiritu pubis tuae
tremisco totus.

Medio die
aestus movet sudorem
cantant cicadae.

Pulvinus noster
sedem praebet quietam
papilioni.

Florida via
pede candido tactae
susurrant herbae.

Hesperus adest
lectus diu relictus
vocat amantes.

LXVII. DE BREVITATE VITAE

"Vita nimis brevis est, natura maligna" queruntur
"et spatio exiguo vix bene vita datur."
Errant: quando oculis altis exceptus amicae
descendi longa mellifluaque via
dulciter et sic mersus eram latuique profundo
tum satis est: vixi: praeterea quid agam?

LXXII. AD ZOILUM

"Tempora sunt nummi: non debes perdere tempus"
arguis his verbis, Zoile, me vacuum.
Das operam nummis, ego liber tempora duco.
fac quod ego facio, Zoile, dives eris.

LXXIII. AD LAURETANAM

Te tenet Anxanum, caelo gratissima tellus
et Cereri et Baccho et, glauca Minerva, tibi.
Nec non et Veneri gaudens tua terra vocari:
filia nam Veneris tu mihi semper eris.
Lauretana meumst nec te sine vivere posse
nec vita dulci te sine posse frui.
Alma Vienna mihi sic te sine vasta videntur
deserta: infelix hic avis usque volat.
Usque volat circum caput omina dira minata
me circumvolitans afficit usque metu.
Nuntius adveniens nullus levat anxietatem
immenso est spatio mens mutilata mihi.
Nonne recordaris cum flava palatia lustras

Anxani et pontem, nonne mei memor es?
Ex aequo capti quae candida lusimus illic
ardebunt semper pectore, Laura, meo.
Acris flamma meis imis infusa medullis
est desiderii facta ferox stimulus
Ac desiderii via nunc erit una medendi
Anxanum linquens quam propere arripias.
Arripiasque viam cito contendasque Viennam
atque hanc illustres, splendida Laura, veni!
Ut redeat fortuna mihi caelumque serenum
ut redeat risus, splendida Laura, veni!
Ut liceat nobis has longos ducere in annos
delicias nostras, splendida Laura, veni!

LXXVII. Civitas Sancti Viti Carinthiae

Utrum collaudem potius te, terra paterna,
an duris odiis motus convicia iactem?
Nam tua rura quidem silvas montesque lacusque
et loca iampridem infantis felicia lusu,
ignotas latebras, puerilia ludicra, risus,
exiguosque Lares cohibentes limina mundi
et solis nimium rapidos per gaudia cursus
surgentesque animos nondum ratione resectos
et primas Veneres: haec omnia semper amabo.
Quondam Romanis cultum, quod saxa loquuntur,
metropolisque solum, nunc exstas barbara tellus
aspernans Musas, doctis infesta choreis;
bibliotheca tibi nulla est desuntque theatra,
spiritus altior omnis abest cultusque leposque;
urbani coetus ubi sunt lepidique sodales?
Aspera gens hominum, socordes, rustica turba,
quid mirum vos si fugiunt horrentque faceti?
Et tamen: alliciunt quoniam materna culina
ut vos conveniam nec non patula arca parentis
aestivo patriam nonnumquam tempore visam.

LXXXIV. Ad Fabullam

Cur te non futuam, Fabulla, quaeris
quamvis candidior nive Alpium sis
et bello pede natibusque bellis
et venter tibi sit bene expolitus
et mammae Parius velut lapis stent

et fragret tibi cunnus Indica vi
et circumvolitent lepor, venustas,
et prorsus Charitum soror voceris.
Cur te non futuam, Fabulla bella,
causa est simpliciter tuus maritus
qui certe est homo non nimis tenellus
immo saevior Hadria superbo
et crudelior improbo tyranno
crudele ad facinus cito paratus.
cur te non futuam, Fabulla, dicam:
est mi mentula cara suntque nares.

XCI. FALLAX SPES HOMINUM

Fallax spes hominum — peragendi vana cupido —
di derisores — exitus implacidus!
Qui valeam crudae fortunae ferre flagella
vires quis mihi det vincere maestitiam?
Qui capere hoc possum — fieri quis crederet umquam?
infirmus stupeo: perdita Laura mihi est.

XCIV. AD QUENDAM

Iampridem nimium potando oblivia rerum
quaeris, amica tibi quod male fida fuit.
Plurima iam exciderunt, iam vix tua nomina nosti
at quae pulsa velis pectore fixa sedent.
Quaerenda est sucis medicina potentior istis:
Tartareo Lethes merge liquore caput.

XCVII. SI REDITUS NON EST

Si reditus non est, quae femina tum mihi planget?
quae gemet ex animo, quod mihi cara fuit?
Nulla fuit mihi cara satis: me carior ipso
carior et vita, carior atque anima.
Memet praeposui semper, constantia nulla
deliciis inerat, non erat ulla fides.
Culpa fatenda mea est quod spes est nulla relicta;
femina nulla ergo flere mihi poterit.

C. HAIKU

Mundus ex rore
heu est mundus ex rore
et tamen tamen

Issa

Odae IX

Convivium

Potant immodice mei
post mensam socii Threicio fere
more aut Austriaco suo.
Iam iam rixa oritur. Desine Bassareu

inflammare animos. Satis
clamatum est, Valeri: te bonitas meri
compellit nimium ut bibas,
Franciscum dolor et missus honor suus:

tanges propositam tibi
mox metam. Ingenium namque tuum iubet.
Marcellus dominas bibit
unamquamque scypho: iam sine mente adest.

At quae causa tibi est, Mari
quare tam moveas tympana Bacchica
saeve? Num Petale quatit
tela in te miserum, num violentia

femellae premeris ferae
Thermodontiaca est quae duce torvior?
Ipsum me adspicias modo
si quem sorte cupis scire volubili

iactatum. Videor mihi
nam spelaeum habitare Aeolium fremens
aut vasto pelago rapi:
sic turbat mulier quam pereo libens

pro qua plurima perferam
et si naviculam turbidius meam
per pontum usque agitet minax
adversus scopulos. Triste periculum

quo curare modo, Mari
possimus, rogitas. Durius hoc quidem. At
Liber multa valet. Sapis
recte: da propere da cyathos mihi!

Ad Americanos post ruinam turrium geminarum (11.9. 2001)

Exhortatio moderationis

Turrium moles ruit alta perque
aethera immensum volat atra nubes
territans caelum gemina ruina
flammivomenti.

Grandia et dudum monumenta dicta
gaudium et splendor populo superbo
haec iacent — heu — milibus atque fiunt
grande sepulcrum.

Hoc stupet mortale genus per orbem
et stupet mundus nova monstra totus
stant stupore omnes oculosque multos
lacrima rumpit.

Lacrimant multi: simul ira fervet
saeva tam diro sceleri ut sit ultor
illico praesto: properant: iuvat quid
bella movere?

Profuit numquid potuisse magnum
Lydio regi superare regnum?
Pythio num consilio videtur
arma parare?

Mediae prosunt populis quid arma?
Nonne Dareum impulit error asper
magnus ut vellet celeberque parvos
frangere Graecos?

Ira quod suasit properata mensque
et dolor numquam poterit iuvare.
Effero numquamque furore iusta
poena petetur.

Vis vocabit vim: ratione recta
semper, o gens, iustitiam colatis
atque recto consilio, deosque
poscite pacem!

Dialogus tempore non bono

Adsis, sodalis candide: non bono
nobis agendum tempore quid putes

reclude considens apud me
promere nec dubites Lyaeum.

"Testa bibamus consulis optimi:
secura libans otia ne roga
quis Bactriae praesit, quis instet,
missilia unde cadant iniqua.

Licet necentur milia plurima
ruatque mundus non oriens modo
quem concutit vis praesidentis:
nunc tamen est bibere — et canamus."

Non nunc ut olim mens mihi libera
gaudet iocari, at delicias putat
fastidiosas et volutat
perniciem populorum et orbis.

De Morte Voluntaria Ernesti G.

Somnium felix et imago vitae
urget Ernestum cupidum perire:
surgit e mensa pateram resumens
divite Baccho

surgit et laetum sociis propinat
flore candelae rutilante risum
et corona deposita venuste
gestit abire

dum bibunt cantuque sonant amici
grata crateris epulisque plenis
exit in noctem tacitam profundamque
et tenebrosam.

Ad Glyceram flammam suam die natali eius

Quid flammae mihi quae viscera per non modice furit
acri quid Glycerae, deliciis, hoc potius die
quid donem nisi quae Musa dedit? Quid nisi carmina
sancta et vera mihi scripta animo puriter intimo?
Rides dulce puella et loqueris: "tu dare carmina
infelix dare sic instituis tardipedi deo
comburenda malis et rapidis duriter ignibus?"
Verum est. Si iubeat vis Glycerae quidquid adest cremem
aut dedam pelagi gurgitibus dulcia carmina

aut ventis trucibus nubiferum tollere per polum
aut scombris tunicas fluxipedas atque togas feram.
Sic quidquid iubeas perficiam sceptraque sunt tua.

Sacrificium diei natalis ad puellam suam

Quem sacris places hodie deorum?
Tempus ante omnes properum piandum et
Temporis duri soror et comes tran-
quilla feroxque:

Absit a nostris referatque gressum
longius certum Laribus domoque.
Deinde Fortunae facias honores
imperiosae.

Proximus sit ture meroque dulci
matris effrenus puer aestuosae
mitigandus praecipue, faces ut
lenior inflet.

Miroslav Klose

Ut ales altum quae regit aethera
summoque patri fulmina sustinet
gaudens honorari choreis
caelicolum superis in oris

inter minores aligeras minax
virtute praestat, fortior ocior
cunctis volando est et catervis
Castalio propiusque divo

sic ille vir quem filium Opolia
Silesiique et rite vocant suum
inter greges sic provolavit
hostibus iniciens pavorem

pilaque lusit tum timidos sciens
ferire metam quisquis erat status
seu dexter ad portam volavit
sive pilam pepulit sinistra.

Assurgit alte vertice et est super
toto relinquens inferius quod est
virtute tali et non peritum
perniciem properam morari.

Applaudit omnis natio Teutonum
ad astra tollens sic meritum virum
Opoliensem quem fatentur
nominis esse sui patronum.

Et paene vicit ni vetuit tamen
Brasiliensis gloria laus decus
Ronaldus illum, sed profecto:
dignus erat meliore palma.

Aestate

Aethera aestivum graviter calentem
nubium fusca inficiunt colore
deficit iam sol, tacet ales, instat
Iuppiter ater.

Agmina abscedunt apium repente
atque formicae properant timentes;
pallidus messor metuit laborem
perdere durum.

Nos domum certam petimus trahisque
me manu cara calidum volando
lectulum ad dulcem, numerare et inde
fulmina gaudes.

Ad Chloen

Audi docta Chloe: desine lacrimis
oppugnare Lycum, qui tibi durior
suspirat Cinaram perfidus unice
indignusque tua manu.

Hoc di prospiciant: quid Lycio velint
monstro ferre novi, gaudia seu mala.
Illum Bellerophon quis scit an opprimat
depellatve aliquis loco?

Ploratum satis est: ipsa parem pete
respondere velit qui tibi puriter:
Multi — sicut avet flamma polum sequi —
ultro te iuvenes petunt.

Sunt haec. interea sumere pocula
mecum nec citharam sperne dolens tuam
illam dulcisonam, quae valeat modis
  miris flectere pectora.

Cantemus nitidi facta Thyonei.
Sed primo lacrimam quae fluit ultimam
da mi quam celebrans in melius premam
  et gemmam efficiam tibi.

Vita

Gerd Allesch (Gerardus Alesius), Austriacus, natus anno 1967 Claudifori Carinthiae, studiis classicis operam dedit Vindobonae, ubi domicilium habet.

Carmina

Karin Zeleny

Ad Univ. Prof. Dr. Dr. h.c. Manfredum Mayrhofer septuagenarium m. Sept. MCMXCVI cum chronogrammate

cara et laeta dies, tibi nunc iterum bonus annus
felices cursus incipit unde nouos!
praeceptor, genius, patris atque probatus amicus
dicaris fausto carmine, laude, mero
immensumque Volat celebris tua fama per orbem
nec tibi iam Lethes unda nocere potest.
sic iuuat ingenuam quaerendo absumere Vitam
nec studii indomitam tollere posse famem.
ignotas Vulgo didicisti mente parata
artes et linguas Mercuriusque celer
mox tua sollerti conscripta Volumina cura
misit ad Eoos, misit ad Hesperios.
aptos discipulos mandabat prouida Pallas,
adspirant Charites et Venus alma fauet.
tunc Iuno sanctae domui praefecit amatam
uxorem, nitidos quae sine nube dies
reddit cum risu, cum blanditiis bene salsis
nec tristes noctes, quadrupedemque larem,
praebens furua oculis tibi Vellera luce decoris
grato qui fremitu bracchia corque petit.
respicit assidue qui rectos, qui modo curat
laudes et meritis praemia digna ferant,
Iuppiter excelsi posuit te in Vertice Hymetti,
quem pia doctorum gens comitesque colunt
– hic ubi praecipites franguntur rupibus austri
et leuis in siluis carmina cantat auis
seria colloquiis reputantes saepe Ilissi
tinxit montiuagos unda sonora Viros —
et Voluit platanorum adsciscere Chloridem in umbram
quae Vigilans humili litore pasco pecus.
tu Viuas, Valeas, diuos in Vota Vocamus,
usque frui studiis fata benigna sinant!

Ad Victoriam Colonnam (1997)

uersibus praeclara puella: salue:
candida quae Tartara uincis arte

suscitans ignes memores mariti
usque flagrantes.

pasce Parnasso lepidos ocellos:
nil nocet Lethes tibi uis: uetustis
crede signis: usque manu tenet te
Iupiter alma.

Ad Hecaten hymnus (1998)

te Deam caelo tacito uagantem
canto quae mundo uarie ministras
candidas luces inhiante nocte
trina uirago

siue per campos uirides apertos
cincta uenaris leuiter relictis
aureis nymphis nemorum tenebris
non sine risu

siue funestae fera dux cateruae
concutis claues Erebo potentes
coge nocturnos uehementer Euros
scindere nubes

ecce iam plenis placidum papauer
et nuces dulces calathis ferentes
uoce tu quaecumque uocaris alma
aspice ouantes

aspice ardentes uigilem sequi te
arduas duc nos oculis apricis
per uias mundi manibus seueris
luciferisque

Chloridis Epigramma in imaginem scalae parieti "al fresco" affixam, in domo cuiusdam comitis Vindobonensis, ardentissimi uenatoris, in qua praeter uarias siluarum feras et capreolus cum domini perspicillis et caprea cum pretiosissimis dominae inauribus depinguntur (2002)

siluarum saltus quae lustrat turba ferarum
        et gressus hominum tristiaque arma fugit
non timet hic fatum. semper lepus arua tenebit,
        deuia semper aper, flumina semper anas.
hic auis a rapidis quae uenit phasidos undis,
        sciurus quem gratum nobilis arbor habet,
carae capreolus capreae stupefactus inauri

per scalas comites gentis eruntque decus.

E CHLORIDIS VERTVMNALIBVS (2003):

quam uehit uentus peregrina pergo
umbra per terras ubi lux abundat
nubium greges sequor atra pastrix
carmina ducens

uentus est frater mihi uentus auctor
non perit pulsae cecini quod aurae
accipit uentus recinitque obumbrans
aethera et arua

***

fraga nam nuper rubicunda uidi
in piro laetis redolente prunis
arborem ascendi patulam nucesque et
persica legi

aduenit custos modo meque plenam
candidis malis uocat atque moris
arbuto descende nefanda Faunis
uua sacrata est

***

inuehat saeuis boreas tumultis
inuehant austri rabidis procellis
at domus firma est mea nec ruinam
sic timet atram

iam premunt septem solidumque tectum
contegunt montes ualide grauantes
iam probos septem mihi mota muros
aequora lambunt

forte cum uentis uaga si columba
candidis alis uenies domus tunc
ultimam pennam tremet ante mundus
et ruet omnis

***

fertili terra uiridans rubensque
iam diu sub sole tuo benigno
in tuum caelum cerasus beata

bracchia tendit

quam serens olim tibi uota solui
protegas uiuam precor et ualentem
parce nec nunc usque furens parato
fulmine caedas

***

magnum iter uires terit unde apud te
paululum mansi quia porta aperta est
ut lares blandi foculumque uiuum
nec sine cena

sic erat lectus calidus nec arctus
antequam portas ego grata claudam
te impudens linquam faciendum ad alta
magnum iter astra

E CHLORIDIS SVBSCRIPTIONIBVS:

in Francisci Parmensis Cupidinem arcum caelantem
Chloridis carmen (2003)

fractus est arcus pede sub superbo
iam iacent artes neque uult amari
stante quod regno patiens amabat
uulgus agreste

tu quidem magni dominator orbis
te tuasque acres metuunt sagittas
quis satis paruum puerum ueretur
sanus inermem

fractus est arcus nouus est parandus
cude caela fac propera Cupido
mundus immanis sine amore friget
et sine morte

in Titiani Carolum Caesarem cum Cane
cur Caroli os distortum Chloridis epigramma (2003)

ecce manu tabulam sollerti pingit Apelles
        longas stant horas Carolus atque canis
aurea quam nitido sociis collaria lauta
        pingendis pariter pondere colla premunt
certe pelle noua dominus uestigia condit
        stat comes in nudis unguibus usque suis

seu quamuis unctum defessas strictius aequo
    plantas iam corium cingere sentit hero
siue carens sueta canis arbore captus in aula
    campos mente petit mox ubi liber eat
augustas ualide sublato crure sinistro
    commingit suras: calceus ille madet
seruorum quatitur suppresso regia risu
    non ridet Caesar: protrahit ora furor
uapulat heu misere pro praua bestia culpa
    pingitur et posthac Carolus absque cane

in eandem tabulam eiusdem epigramma

naso demisso comitem dum pingit Apelles
    arguitur: dicent: pes male lautus olet
nasum nunc sursum cum fidis uertit ocellis
    ad dominum: sed quid nunc ibi odoris habet

in Georgi Tempestatem Chloridis carmen
Paris Oenonae ualedicit (2004)

semper absurdis retines querelis
ominum casus mihi caeca narras
ecce tempestas cita surgit et nunc
urbs adeunda

iam times Troiae Paridisque amori
mitte boletos quotiens iubebam
nec premas fidum uelut arta uitis
hanc premit ulmum

fagus est testis mihi testis ilex
populi cortex memor usque seruat
nomen Oenones legeris per aeuum
falce notata

quo prius discedo prius reuertar
flumine ex magno edita nympha uates
garris insulse meus utque amor stat
Troia perennis

in Georgi Tres Philosophos Chloridis carmen (2004)

ille quem unum quaeritis inter omnes
cuique famosum penetrastis antrum
ille nec uenit ueniet nec umquam
rex sapientum

umbra nam uos decipiebat atra
at dehinc antro merito relicto
inuicem uos inueniatis error
non sine meta

sub uagis solis radiis calentis
de uiae causis bene disputatur
luce cum clara ratio parata est
monstra recedunt

in Georgi Lauram Chloridis carmen (2004)

Laura consors Chloridis atque amica
nectimus metris numerisque uerba
ludimus dulci cithara procaces
Arcades ambae

tu quidem pulchra es placet et Georgo
arte lasciua tabulis papillas
ligneis depingere penicillo
iam bene notas

Vita

Studium der Klassischen Philologie, der Mittel– und Neulateinischen Philologie sowie der Viola da Gamba in Wien;
Lektorin und Hausphilologin im Kunsthistorischen Museum Wien;
Fachübersetzerin für kunst–, musik– und literaturhistorische Texte aus dem Italienischen, Englischen und Französischen, speziell auch für Texte von Vokalkompositionen aus Mittelalter, Renaissance und Barock;
Diplomarbeit über die Göttin Hekate in den Historiae Deorum Gentilium des Lilius Gregorius Gyraldus (Basel 1548): http://www.oeaw.ac.at/kal/mythos/zeleny1999.pdf;
hat 2005 ihre Dissertation "Itali modi. Akzentrhythmen in der lateinischen Dichtung der augusteischen Zeit" abgeschlossen, in der dem (abzulehnenden) herkömmlichen Schul–Iktus ein Modell von zwiefachen Rhythmen gegenübergestellt wird, die sich bei Beachtung der Silbenquantitäten aus der Abfolge der natürlichen Wortakzente ergeben;
interpretiert mit ihrem Ensemble ALICUNDE Musik des Mittelalters und der Renaissance auf Crotta, Kamantsche, Dulcimer und Rabab, tanzt, singt und atmet.
http://www.poeticum.at

Nugae novae Latinae*

DAVID MONEY

i. *Aurora*

Auroram video splendentem lumine puro,
Per vacuas fulget me spatiante vias.
Incedo leviter; laqueo velut alta prehensos
Admiror subita culmina luce domos.
Mane solent puri se tollere pectoris omnes,
Iustitiae rorem carpere mane solent.
Quomodo tu facinus fecisti, ignave poeta,
Tantum, qui lecto saepius esse cupis?
Surgere de lecto durum est: sed terminus alter
Noctis adest, quo tu mane videre potes.
Nonne libet totam potius consumere noctem,
Stareque post tandem pocula mane vigil.
Sic capitur vino lucis sincera voluptas,
Gaudiaque hesterno debita cuncta mero.

ii. *Febris aestiva, sive foenisecis* [Anglice Hayfever]

Sternuere est faustum (priscorum rite parentum)
Significare potest omen adesse bonum.
Ergo ultra meritam sortem sum saepe beatus:
Auspiciis tantis ominibusque fruor.
Vexat enim nares foenum, cum flore venusto,
Nasum per campos innocua herba nocet.
Solvere vexando mucum corpuscula certant,
Phlegmatis ut rapidi flumine cuncta ruant.
Contineo strepitum, rabidis dum naribus actus
Sternuo, seu viso sternuo sole simul.
Finis erit? Dubium est, longoque haeremus hiatu —
Stern- stern- stern- stern- stern- sternuimusque iterum.
Sternutamentum sternutamenta sequuntur

* Fere omnes uno die (10. Jul. 02) Cantabrigiae compositae, in honorem conventus Opoliani.

Plura (moram spernunt) continua serie.
Quis requies? Oculos purgo, purgoque lavando
Nasum ut sit gelidae dulce levamen aquae.
Multa mihi placeant aestate: at febris amorem
Foenisecis placidum saepe fragore fugat.

iii. *Imitatio Shakespeariana*

Shakespeare, sonnet no. 73, initium:

That time of life thou mayst in me behold,
When yellow leaves, or none, or few, do hang
Upon those boughs which shake against the cold,
Bare ruined choirs where late the sweet birds sang. ...

(Shakespeare hic alludere videatur ad monasteria sub rege Henrico VIII dissoluta; fortasse et ad musicum Gulielmum Byrd)

Hoc tandem videas vitae venisse cadentis
Tempus, ubi auctumno pendent vel nulla colore
Iam folia arboribus vel pauca, tremescit et algens
Ramus ceu vetitae nudatum frigore sectae
Fanum qua nuper dulces cecinere volucres.

iv. *Imitatio Victoris Hugo: Tempus amoris*

Victor Hugo, Les Sept Cordes: VI, L'Amour no. 37, fin:

Le temps d'aimer jamais ne passe;
Non, jamais le coeur n'est fermé.
Hélas, vieux Jean, ce qui s'efface,
Ce qui s'en va, mon doux Horace,
C'est le temps où l'on est aimé.

Versione mea Anglica:

The time for loving never goes:
An open heart will never close
Itself: alas, sweet friend, what does
Depart, before we might suppose,
Is others' time for loving us.

Iudice me, numquam fugit aptum tempus amando:
Ad flammas pectus molles nec clauditur unquam.
Eheu: quod fugit, o compar suavissime, lapsu
Temporis inviso — quod se, mi Flacce, resolvit —
Non est tempus amare alias, sed tempus amari.

v. *Superbia* (imitatio ex W. S. Landor)

Landor:

Proud word you never spake: but you will speak
Four not exempt from pride some future day,
Resting on one white hand a warm wet cheek
Over my open volume you will say,
'This man loved me', then rise and trip away.

Fastus nescia es: at verba uno non sine fastu
Tu quattuor dices die.
Namque genas quondam lacrymis madefacta tenebis
Volumen in sinu meum.
Denique sede prius quam surges laeta, loqueris
'Illo viro dilecta sum'.

vi. *Ad Puellam* * * *

Spes abiit tecum: nostri salvete dolores!
Discat cor proprio posse dolore frui.
Seu luctum vellem complecti sive puellam,
Quorum quod mallem docta puella negat.

vii. *Nugae Churchillianae* (a)

'The first time you see Winston, you see all of his faults, and the rest of your life you spend in discovering his virtues' (Pamela Lytton, apud R. Jenkins, Churchill, London 2002, p. 105).

Concursu primo vitium non conditur ullum:
Eius naturae pessima quaeque patent.
Per totam vitae spatium, imum segnius ipsum
Virtutesque boni pectoris invenies.

viii. *Nugae Churchillianae* (b): *Avaritia* — plus ça change ...

'No one seems to care anything but about money today. Nothing is held of account except the bank accounts. ... We have in London an important section of people who go about preaching the gospel of Mammon, advocating the 10% commandments, who raise each day the inspiring prayer, 'Give cash in our time, o Lord' (Winston Churchill: oratio, Glasgow 1904, apud Jenkins p. 86).

Dote comes lucri cara gratissimus ambit
Pollicitis cives alacres; commercia torquet
In proprios usus; cupit auferre ante ruinam
Optatas partes, si forte ruina futuro
Opprimat exiguos homines quos ipse salutat.

En! numeri exsurgunt turgentque libidine lucri,
Bulla tumet, coemunt prudentes undique partem —
At cuius partem? Nihili, cum bulla tumescens
Rumpitur: urbs, quotiens taurorum sacra tulisti?
Tutius argentum coacervat mensa thesauri.
Faenus (sacra fames!) animis blanditur avaris,
Faenoris atque decem per centum iussa sequuntur
Commoda (quisve neget quae sint caelestia dona?),
Cum penitus noscant cultus mandata recentis
Talibus ut dictis passimque pieque precentur:
'O Deus omnipotens, da nostro tempore nummos'.

ix. *Officium Vatis*

[circa una hora compositum, 24.00–01.00, 10/11 Jul. 2002]

Officium vatis quid sit? Si forte Latinas
Audeat ad Musas hodierna voce venire,
Audax sit. Cur non? Famam sperare furorem
Indicat; at placeat primo sibi — nemine laudem
Praestante aut meritam aut aliter, privata parentur
Gaudia: se pellat scribendi pura cupido.
Ast aliis cupiat monstrare cupidine natum
Carmen. Ad hunc finem facile — aut non ardua — semper
Percipienda canat: quod clare percipit auctor,
Sensibus haud hominum diversis omne videtur.
Carmina si vis redde nova vernacula veste:
Musa tamen proprias mavult res. Apta creare
Adfectes linguae. Numeros vi strenuus urge —
Parce sed ipse tuis nugis sollemniter uti.
Cui loqueris? Tantum tibi — nec iocus evitandus.
Quanquam mentitur non numquam quisque poeta,
Veros exponat (quantum licet) aequus amores
(Nomine mutato, si sic sit tutius): ergo
Per noctes valeat longum tolerare laborem.

x. *Anglus Opoliam visurus*

Multas per gentes permulta et proelia passum
   Locum videbo cras viator inscius
Linguae, naturae, gentis — grateque vocatus
   Ripas ad Odrae insigne quas flumen lavat.
Historiae peregrinus ego fragmenta recepi:
   Ut impedito bellicosus dux pede.

Legnicae haud procul arva rubent: Mongolia clades
Turbine virorum barbaro messem secat.
Rex profugus cives patriam defendere dicto
Effatus ardens universali citat.
Saevitia eversa victaque tyrannide, turbam
Commilitonum liberatores necant.
Historiae longae locus es, et victima: salve!
Hinc pace semper floreas doctissima.

[scriptum 11. Jul. 02; quae pauca de Silesia ante crastinam commorationem cognovi, collegi ex: N. Davies & R. Moorhouse, Microcosm: Portrait of a Central European City (London, 2002): viz. p. 67 (l. 6 supra) duces Opoliae, e.g. anno 1157 Mieszko Platonogi (pede impedito); p. 68 Legnicae proelium; p. 184 (ll. 9–10 supra) rex Jan Casimir Vasa, Opoliae anno 1656; p. 25 (ll. 11–12 supra) liberti Russi a suis NKVD trucidati, Opoliae 7 Mar. 1945.]

Vita

David Money (born in London, 1966) is senior lecturer in English at Sunderland University, in north–east England; also fellow in classics at Wolfson College, Cambridge, and (in spring 2003) visiting professor at K. U. Leuven. He teaches a wide range of English literature, but most of his research is on British Neo–Latin and the classical tradition: e.g. "The English Horace" (British Academy/Oxford, 1998). He has also edited the Latin correspondence of Robert Boyle, and is currently preparing an English verse translation of a previously unpublished Latin epic, by the 17th century scholar Joshua Barnes, about the Black Prince. He writes poetry in Latin and English, and hopes to assemble a volume of Latin verse before too long.

Carmina nova

ALAIN VAN DIEVOET

Domus Erasmi

Carmen in honorem Ioannis Petri Van den Branden.

Has aedes olim felix habitavit *Erasmus.*
Has coluit terras. Pedibus calcavit agrestes
hos circum campos. Oculis tunc ubera prata
vidit ubique suis *Anderlechtensia* longe.
Hic vixit laete sex menses Magnus *Erasmus*
Sex menses! Ast hic voluisset vivere semper.
Nunc, heu, non florent circum laetissima prata,
gramina nulla virent, reboant sed compita magno
raedarum strepitu celerum, stridoreque turbae.
Abdita sed muro antiquo, velut insula pacis,
tu domus alta manes, te non potuere furentes
demoliri homines: vetuit vis mentis *Erasmi.*
Ipsaque barbaries timuit tua frangere sacra,
nam te *Brandenius* tali servavit amore,
te tantis auxitque libris, tantisque tabellis,
te doctis celebrans scriptis doctaque loquela.

Epitaphium Semirae Adamu[1]

Hic non sola iaces, tecum spes falsa recumbit.
Nunc scis quae sint barbaries ac ferrea corda.
Terra tibi levior sit quam pulvinus hic atrox
qui vocem extinxit suavem lacrimasque repressit.

Epithalamium Philippi et Mathildis heredum coronae Belgicae
Qui matrimonium contraxerunt Bruxellis die 4° mensis Decembris anno 1999

Nunc rosea vos dulcis amor veneresque corona
exornant laetos. Mox vos graviora onerabunt
aurea serta Iovis. Sed amor leviora benigne
reddat quam flores, gravia aurea munia regum.

Responsum ad parodiam Annae Elissae Radke

Hor.c.III,26 (vixi puellis ...)

Ultima verba tui, quae dixti, casta poetris,

---

[1] Sémira Adamu, âgée de vingt ans, a été étouffée avec un coussin lors de son expulsion forcée le 22° septembre 1998. Elle rêvait de devenir chanteuse, ce à quoi fait allusion l'expression "voix suave".

aure mea tristi pergunt resonare silenter.
Non tua vox siluit, non te tua Musa relinquet,
dum Venus in caelis, dum ver florebit in arvis.

Ad piam peregrinam

Per nubes gelidas, per flammea fulgura caeli,
intrepida ad Belgas, solvens pia vota volasti,
fudistique sacro lacrimas miserata sepulchro,
quod nix ipsa dolens foliis ornaverat albis.

Cantus nocturnus

Dum spirant pini prope flumina suaveolentes,
caelum dum tacet immensum, dum luce silenti
lunae, rura vibrant, hominum dum fervet in antris
cortina ampla foco, telluris fructibus uber,
quam pulchre resonant silvis ac montibus altis
acria syringum modulamina plena sonoro
naturae somno, sua gaudia mixta dolori
cum cantat pastor, priscorum carmina amorum.
Tunc Pan ipse silens, arrectis auribus audit
nocturnum cantum, retinent suspiria Nymphae
et reboant rupes percussae voce canora
pastoris prisci priscos recinentis amores.

Ad Annam Elissam Radke

Miles indefessa Novem Sororum
Montibus quae sunt et erunt canentes
Deliis, reddant tibi mille grates,
carmina propter

Nam quis ausit, liberior poeta,
te altius Parnassi ad acumen ire,
ebrio non lassus aquas equinas
ebibere haustu.

Aut quis ascendet glaciale culmen,
candido passu, propius, viator
frigidum scandens Helicona solus,
alite verbo?

Carmen Bruxellense

Non mihi rura iubes cantare et pascua laeta,
non mihi silvicolas volucres neque Martia bella,

sed taetros vicos, mures, murosque cadentes.
Vae mihi, dura, iubes duros renovare dolores

In honorem Augusti Ancarani, amici librorum

Tot tibi sunt libri, quot gaudia mentis, amice,
tot tibi sint semper pectore laetitiae.

Tot tibi sunt libri, quot tritae dulciter horae,
tot tibi sint semper tempora dulciflua.

Hi tibi semper erunt veterum revocatio rerum,
cum fortasse homines plus coluere bonum.

Hi tibi semper erunt, rueret si mundus hiatu,
securus portus dulceque confugium.

Ver novum

En crescunt flores hortis, recinuntque volucres,
ver redit in pratis, montibus atque mari,
sed redeat quoque ver in pectora nostra, repellens
curas letiferas tristitiamque nigram.

Ad Glyceram

Cur non vis mecum tranquillam degere vitam,
cur praefers salebras pedibus percurrere nudis,
atque lupos inter, silvestri more morari?
Cur praefers montes silvasque habitare profundas,
quam pacato animo, tuguri sentire calores?
Sed fera mens nullum cordi patitur domitorem.

Domus Latina Bruxellensis

Hic nova Roma latet, sed non tacet inter amicos,
hic lente prisci renovatur lingua Latini.
Hic loquitur Gaius, Tulli Ciceronis ad instar,
respondentque omnes puro sermone Quiritum!

Floribus hic Latii carpit nova mella Melissa,
quae sparget longe trans oras oceanosque
qua nova stella micans, expellet clarius umbras.

Rivulus hic tenuis reddet tibi, Romule, Thybrim.
Huc recreato orbi redeunt Saturnia regna.

Ad Theodoricum Sacré

Quae te Musa favens, quae te perdocta Camena

edocuere chely sacros componere versus
sermonesque sacros sacra recitare loquela?
Potastine puer sacro de fonte caballi,
an cursu aerio te sacris Pegasus alis
portavit sublime ad sacrum Heliconis acumen?

Ad Stephanum Feye
Scholae Novae scholarcham et conditorem

Ne pereat veterum doctrina occulta sophorum,
ne sileat semper magici vox muta Smaragdi,
fundasti ludum quo perpetuentur in aevum,
Hermae ter magni mysteria magna verendi.
Sic nova vita datur prisco trunco moribundo,
sic nova de priscis oritur schola vivida cunis.

Ad Gaium Licoppe
Latinitatis vivae defensorem et propagatorem

Ars longa est, dicunt medici, sed vita brevis lux,
sic via longa quoque est usque ad Latium redivivum:
tu medicus bene scis teque ars perlonga iuvabit,
iampridem linguam qui sanes semisepultam,
nec via longa tibi gravis, indefesse viator,
qui multos homines, multas urbesque Latino
ore loquens nosti, prae te vexilla Latina
gestans pacifice per terras non bene gratas.
Tuque gregis nostri, patrone et optime ductor,
perge diu nobis constanti mente favere
atque animo forti Latii defendere linguam,
ne misere pereat quondam regina triumphans.
Perge etiam calamo docto varioque docere
lectores, carpens passim nova mella Melissae.
Sic eris usque quod es, fortis, bonus atque fidelis,
fundator solidus, constructor et aedificator,
omnibus attentus, semper quoque firmus amicus,
ni nimis est, etiam cum te pituita molestat!

Ad Carinam Zeleny Vindobonensem, sive Chloridem, recens magistram artium factam

Te triplex Hecate, te magna Diana magistram
nunc tandem factam gaudent celebrare vicissim.
Nos quoque laetamur, Chloris, tua scripta videre
docta pancta manu, doctrina plena deorum.

Te comitent semper Superum agmina grata bonorum,
qui tibi dent vitam sanam longam atque beatam,
eurones multos, argenti et aeris acervos,
omnes divitias quae comperiuntur in orbe,
sandalia imprimis tandem bene glutine necta …

Ad Brennum episcopum Legranum, affabilem amicum Britannum

Brenne, inter druidas genuit quos Anglica tellus,
corpore tu valde superas longissimus omnes,
sed longe superas omnes quoque mente faceta
atque animo comi, docto eloquioque Latino.

Ad Michaelem Nastam
affabilem et doctum amicum Dacoromanum

Nunc te, Nasta, canam, nam quis te dignior unquam
exstitit in mundo lingua celebrandus avita
Romulidarum, aut quis nostros nempe inter amicos
doctrina veterum magis emicat imbuiturque?
Eloquio aequiperas Graios priscosque Latinos,
ipseque te Naso carum fateretur alumnum,
Naso quem doctis celebrasti, docte, libellis,
Naso quem profugum tenuit tua patria terra.
Belgica nunc tellus te possidet atque reposcit
atque suis gaudet salvum retinere te in oris.
Nos quoque sincere gaudemus, Nasta, te habere,
cultorem argutum Musarum laurigerarum,
convivam lepidum, pulchrum suavemque sodalem.

Genethliacum Alphonso Weische septuagenario dicatum (17/01/2002)

Donatus quem annos didicisti iam pueriles,
 te maturum nunc donat honore suo.

Grata tuoque operi, docto sane atque polito,
 te nunc dulciloquens Attica turba canit.

Te laudat Cicero, te laudat turba togata.
 Curia tota tibi plaudit et ore vocat.

Et post tot laudes, ausim quoque te celebrare
 simplicibus verbis ast animo memori?

Autumnus

En venit Autumnus sentimus et ossibus imis
mutari caeli faciem et frigescere terram.

Atrior umbra cadit longe de montibus altis,
sed lumen maneat nobis in mentibus ardens
umbraque nulla cadat nostro de corde profundo.

Epitaphium innumerorum innocentium in turribus gemellis Novi Eboraci atrociter interfectorum die 11° m. Sept. an. 2001

Ite viatores et mundo dicite vasto
    nos hic innocuos mole iacere sub hac,

nos cives placidos, patres matresque quietos.
    Cordibus in nostris nullum odium fuerat.

Nosque laborantes rapuit mors invidiosa,
    nunc sumus heroes, nunc sumus astra poli.

Ad Titum Marium Alexam
diem natalem agentem d. 16° m. Sept. 2001

Primum te novi prope litus amoenum, o Alexa,
Vestendae, miro micuit cum Belgica sole.
Primus tu fueras inter quos ore rotundo
audivi Latia dici diverbia lingua.
Semper in aure sonat violinae cantus acutus,
qua nos tunc iuvenes, iuvenis gaudere iubebas,
semper et hic fluctus repetunt tua carmina, Alexa!
Quam rapido cursu fugere haec tempora pulchra
quorum testis ades, tu praecipuusque creator.
Tunc tibi sub risu florebat barba nigrescens,
nunc tibi sub risu canescit barba perenni.

Ad amicos poetas Opoliae nunc congregatos salutatio Alani Divutii Bruxellensis (13/07/2002 ad 20/07/2002)

Magnorum heredes vatum quos aurea saecla
progenuere olim, frugum de divite terra,
o nova progenies Flacci priscique Catulli,
o vos qui Vestae semper properatis ad aras,
et semper Musis offertis olentia tura,
heu procul a vobis, vos imo corde saluto.
Nobile opus vestrumst Latii portare Camenas
usque ad Sarmaticas oras, humerisque Latinos
sustentare deos, Saturnia regna referre,
atque undas Tiberis, fluvio miscere Viadro.
Iucunde vobis spumantia vina propino
Chloridi et Elysiae, nec non tibi, comis Alesi,

Alfonso docto, vestrae lepidaeque cohorti
sertis ornatae croceis roseisque coronis.

Vita

Alanus Divutius Bruxellensis Belga, sive vulgo Alain Van Dievoet, poeta Latinus, natus est Bruxellis in vico Sancti–Iudoci–ten–Noode, die 18 mensis Martii anno 1948.

Iam ab adulescentia indulsit Musis Latinis flagravitque amore linguae Latinae. Scripsit anno 1965 librum Latinum cui titulus "Sententiae", in quo continebantur variae cogitationes eius tam prosa oratione quam carmine conscriptae. Anno tamen 1967 scripsit farraginem carminum francogallice scriptorum cui titulus "Les Parfums du Styx". Postea etiam multas translationes edidit operum Erasmi et Hutteni in sermonem francogallicum. Ita primus omnium fuit qui in linguam francogallicam "Spongiam" Erasmi atque Hutteni "Expostulationem" transtulit. Etiam acroases nonnullas fecit de humanismo et in variis commentariis etiam res historicas scribere aggressus est. Varia itinera perfecit , a Promuntorio Nordico, ubi vidit solem mediae noctis, usque ad Maroccum, Turciam, Italiam, Siciliam, Germaniam, immortalemque Graeciam.

Nunc semper procul a clangoribus mundi pergit Musis Latinis indulgere.

Carmina

MARTIN ROHACEK

Autumnus praeceps (versus Alcaicus)

Rauco querentes accipitres sono
procella magno sublevat impetu,
ducitque larvales in alti
horriferum nebulis cacumen

saxi; premit caelum graviter pigros
campos, carent qui frugibus aureis
et Gratia, rarusque repit
sol prope dorsa iugi remota.

Nunc celat aures sollicitas lepus
sulcis et arvum defugit hispidum
cervus focoque intus beat se
rusticus et cyatho quieto.

Sed ventus acer, qui terit arbores,
avisque fuscis involitans agris
cantu viatorem severo
solivagum capiunt gravique.

Non semper euhans tibia nos iuvat
nec sole caelum perpetuo nitens;
et neniis mens commovetur
maestitiaque Iovis minaci.

Immite numen iam sine sentiam
paulumque plangores Boreae asperos,
Chryseis! Aedes mox Lyaeo et
igne bono repetam suaves.

Nolite evellere spem parvam! (Glyconeus, Pherecrateus)

Per stratas steriles vagans
herba, quae gracilis tamen
e fisso viret impigre
caemento, soleo frui
parva speque levari.

Sed rastris operarius
heri, dum redeo domum,
evulsit tenerum decus,

ut deserta relinqueret
  infesta aspicienti.

Quis mentes furor occupat
pravus? Laetitia affici
est fas, si loca taetrica
sertis sponte sua tegit
  ridens Flora proterve.

More vere Romano conditum (Glyconeus)

Non cedit species vetus
Zenonis cerebro inspuens:
Rufus et facit et locus
Est facti simul. In foro
nares erigit arrogans,
altas tergora post fores
curvat: lambere quam solet
partem corporis, ipsus est,

Apollo et Dionysus

Castalius cohibet mentem et moderatur Apollo,
  Liber compositum turbat acutum ululans.

Homo et uva

Vulpes cum saltibus petisset irritis
uvam nitentem in altiore vinea,
sedavit viscera, dum cedit, querentia
affirmans se immaturam nolle sumere.
Risere labores deceptos tunc passeres.
Homo mox venit et racemos splendidos
videns eadem qua vulpes cupidine
gulae affectus; qui scalis iam celeri manu
admotis uvam carpsit. Gustavit libens
acinos. Iam ore torto immissos exspuit.
"Abite in pestem! Promisistis dulcius!"
exclamat. Emoriuntur risu passeres.
Sic saepe artes decursum et festinatio
rumpunt naturae nosque fraudant optimis.

Vita

Undequinquagies paene solem circumvolavi ex eo die, quo elapsus sum ex utero, haud dubie vagiens neque miti vultu, quem Virgilius vix natus matri ostendisse narratur. Factum est autem in oppido Mürzzuschlag, in Styria sito, quod ignobilitate fortunatum est: locus parum notus non petulanter visitatur. Locus montibus modicis silvisque densis circumdatus et ornatus aqua purissima fruitur, pro quo dono mane gratiam habeo, habeo vesperi. Huic loco non deest industria producens; est fabrica, quae adamantem exercet, sunt pascua agrique. Sic inter duas res quodam modo non bene congruentes adolescebam, inter ferrum et frumentum, ut ita dicamus, inter ferream aetatem et argenteam, operarios videbam et agricolas, una ex parte laminae transportabantur, altera fenum et secale et lac; ululatus fabricae ad finem laboris emissus audiebatur, audiebatur tintinnabulum collo vaccae circumligatum, fumabat caminus altissimus et nocens (nunc deiectus), fumabat sterquilinium innocuum. Puer aetate simplici, somniculosa, fabulosa, si fas est dicere, cui consuetudo erat cum numinibus nemorum, mox ab officina abhorrere, arbores prataque revereri coepit. Nemini natura sua mutatur (sit venia γλαῦκι Athenas portatae!); sum indole, qua fui, sed ea sum dubiis affectus et quodam felle, quamquam caminus iam dudum eiectus nec aspectui loci nec aeri nocet.

In imaginibus vixit puer, vixit adulescens, (vixit iuvenis, vivo etiam nunc, vivet senex), vivere erat somniare, nesciebat, quid vellet, nec volebat quicquam nisi quasdam nugas, quae adulescentibus cordi esse solent; fuit florum et animalium patronus, fuit miles gloriosus, alchymista, collegit lapides, observavit stellas, legit fabulas deorum heroumque, fuit comes modo Alexandri Magni, modo Henrici Schliemann, tandem fugere non potuit Helenam vel potius Helenae imaginem. Pater vir strenuus, horribiliter strenuus, et unus e fabricae rectoribus, non sine amaritudine, ut solet, vaticinatus est filium numquam futurum hominem technicum. Apollo rectius non praesensisset. Sed iam prolixior fabula.

Gymnasio relicto Graecium, caput Styriae, ii, ut studiis litterarum et historiae et philosophiae operam darem, studiis confectis linguam Latinam in gymnasio docere coepi.

Bis millesimo anno post Virgilii obitum regio Italiae, quae Aosta nominatur, omnes linguae Latinae peritos peritasque adhortata est, ut carmen de hoc vate scriberent. Ardor mirabilis me invasit, qui numquam scripseram, et carmen composui, quod primo praemio honoratum est. Quo opusculo nunc facere non possum, quin erubescam mente sincera; igne et oblivione dignos esse hos centum hexametros mihi persuasi. Alia carmina condidi, lepidiora, ut arbitror, quae annis 1992, 1994, 1996 Romae ab Instituto Romanis Studiis Provehendis honorata sunt. Iam antea mulierem duxeram, Italicam scilicet, ut decet Latini cultorem; quo facto filia matris Latinae pulcherrima versatur in casa nostra.

An poeta sim, nescio; versiculos me scripsisse negare non possum, sed dubito de iis. Saepe studium et impetus componentis cesserunt taedio compositi et derisui compositoris. Forsitan transierit omnino aetas Camenae, nonnumquam mihi optima videntur carmina non scripta, id est: quae e pudore quodam formae et prudentia in animo manent. Iam tertium annum non scribo versus.

Gerrae mensis Mai 2002 haicuanae

DIRK SACRE

Finis

Advesperascit.
Ingruunt (viden?) umbrae.
Nox est … et … est … me.

Van Gogh

Solem fingendo
nubila mentis Vincens
pictor abegit.

Foliola

Amet, non amet,
vere, necne, supremum,
dic, foliolum.

Tristitia Maia

Nubium venit
tristis nigredo, tristis
ultimo Maio.

Haicu

Aves non novi:
volucres verbo tenus
hoc sunt in haicu.

Res Romanae
Reditus in Villam Burghesiam ("Villa Borghese")

Redux salutat
et hanc et hanc et illam
pinum proceram.

Via Lata ("Via del Corso")

Aulaeis missis
vides plateam cives
perambulantes.

NUGAMENTA Id. Mart. MMIII

Strepitus nocturnus

Nocturnum tectum
par pede parvo palpat
avicularum.

In grapheo meo

Stillicidio
madefieri libros
cerno nec credo.

Mense Februario

Pone fenestram
apricatur vetulus
vultu sereno.

Omen in via autocinetica

Ad laevam cursu
me praeterit immani
raeda funebris.

Photographema maritimum (I.Tusiani)

Ad mare puer
monstrat sitellam: tenet
omnia risus.

Luctatio Alpina (Liv. 21.36.8)

Glacie fractâ,
pedicis velut capta
haerent iumenta.

Vita

Theodoricus Sacré anno MCMLVII in agro Bruxellensi natus, postquam gymnasium Iesuiticum ibidem frequentavit, palaeophilologiae sese dedit studiorum in universitate Lovaniensi. In qua cum duce Iosepho illo IJsewijn inter doctores esset promotus, Antverpiam tetendit litteras ibi in altiorum studiorum domicilio traditurus Latinas. Decennio post, quo tempore Iosephus Ijsewijn rude est donatus (MIIM), linguae litterarumque Latinarum et Neolatinarum cathedra ei obvenit Lovaniensis; quam adhuc tenet.

Variationes Latinae carminum Graecorum

TUOMO PEKKANEN

1. Fragmenta Sapphica i–ii
2. Anacreontea i–xi
3. Ibycea i–ii
4. Alcmanica i–ii

Anacreontea, praeter ii–iii, divulgata sunt in Melissa 23/7.3.1988, Anacreontea i, Ibycea ii, Alcmanica i in opere ad VIII conventum Academiae Latinitati fovendae edito, c.t. "Carmina. Lovanii in Aula Instituti Sencie Postrid. Kalend. August. 1993".
Cetera sunt inedita.

1. Fragmenta Sapphica

i.

Dulce malum sic rubescit,
cum in frondibus latescit,
quod colonus, quia nescit,
  est oblitus carpere —
immo vero, non oblitus
nec ignarus, sed invitus,
summum ramum imperitus
  valuit non tangere.

ii.

Hyacinthum ut in montibus
pastor conculcavit pedibus,
humi iacet flos purpureus …

2. Anacreontea

i.

Equula, me cur tam limis
oculis inspectans nimis
fugis vitans inclementer,
inscia, quam sapienter
  rem equestrem gesserim?

Scias ergo: frenis rite,
tibi positis perite
habenarum moderator,

te circensis aurigator
circa metam verterim.

At non habens virum scitum,
artis equestris peritum
ludis leviter et satis
saltans mollibus in pratis
pasceris nunc interim.

ii.

Tantalis in lapidis
formam est redacta,
filia Pandionis
avis olim facta.

Ego velim speculum,
ut me tuearis,
fieri vel tunica,
qua tu fovearis.

Velim esse fluvius,
in quo lavas cutem,
myrrha, qua perfunderis,
in eam me mutem.

Velim tibi strophium
esse papillarum,
et monile, femina,
tuo collo carum.

Velim esse solea,
convenit quae tibi,
ut me solum molliter
pede calces ibi.

iii.

Pictor, princeps artifex
omnium ex Rhodo,
sicut tibi dixero,
pingas recto modo
virginem, quam diligo,
procul ut absentem
mihi tua tabula
faciat praesentem.

Incohans a crinibus
   eos ita fingas,
molles ut eniteant,
   nigros cum depingas,
fieri si poterit,
   talis esto color,
ut ex cera myrrhinus
   exhaletur odor.

Fronte sic eburnea
   crinium nigrores
iungas, ut appareant
   genae pleniores;
neque supercilia
   nimis pingas iuncta,
sed latenter confluant
   specie disiuncta.

At ardentes oculos
   glaucos eius vere
ut Minervae pingito,
   paetos ut Cytherae;
rosas miscens lacteo
   pingito candore
nasum, genas floridas
   virginis in ore.

Provocent quae basia
   labiorum mella,
ut Suadela suavia
   habeat puella.
Circa collum candidum,
   subter molli mento
volitantes Gratiae
   simul apparento.

Denique purpurea
   sit induta veste,
corpus ut perluceat
   passim manifeste;
tecta stola tenui,
   textu vestis raro,
tota sit visibilis

eius nuda caro.

Iam videre videor
virginem dilectam,
sic descriptis lineis
oculis detectam;
licet sis effigies,
credo, iam loqueris,
veri tam similter,
cum sis picta ceris.

iv.

Auro vitam venderet
homini si Pluto,
conservarem strictius
aurum loco tuto,
fatis ut urgentibus,
prope cum veniret,
Mors accepto pretio
me tum praeteriret.

At si vitam emere
vir mortalis nequit,
homini congeries
auri prodest ecquid?
Ergo semel emori
cum sit nostrae sortis,
quid in vanum querimur
diem dirae mortis?

Cum sit omnis gemitus
nihil profuturus,
cur non vinum potius
bibam moriturus,
quoad cum sodalibus
licet convivari,
Venerem cum coniuge
cara venerari.

v.

Vir mortalis genitus
viam vitae terit,
quantum iter fecerit,

ei notum erit;
at ignorat penitus,
quanta pars supersit,
quantum adhuc temporis
sociis intersit.

Donec finis veniat
dissolutis curis
prorsus nihil doleo
rebus de futuris;
lubens ludo, rideo,
salto, Cythercam
Venerem cum Libero
almam colo deam.

vi.

Cum me Bacchus subiit
Dormiunt dolores,
Croesi rebus habeo
opes meliores;
caput cinctus hedera
carmen cantabundus
cum accumbo lectulo
parvi refert mundus.

Arma sumant milites,
ego sumo merum,
puer, offer ocius
poculum ad erum,
namque multo melius
vinolentus iacet
quam qui bello mortuus
in aeternum tacet.

vii.

Quid me rhetorum figuras
doces nihil profuturas?
Quid iuvabunt hi sermones,
quibus frustra me sic mones?
Potius me Bacchi mitem
potum doceas, ne vitem!
Potius cur me iam dudum
doces non Amoris ludum?

Coma cana me coronat,
puer vina nunc apponat!
Mox me teges non viventem,
mortuum, nil sitientem.

viii.

Non regales commovent
opes me Lydorum,
invidus non maceror
rebus tyrannorum.

Mihi placet unguere
barbam pretiosis
myrrhis, caput cingere
placet nexis rosis.

Mihi placet plurimum
dies hodiernus,
est incertus crastinus,
abiit hesternus.

Dum valemus viribus,
decet convivari,
prolibantes Libero
tesseris iocari.

Incidens infirmitas
aegrotanti dicet:
"Tibi, si vis vivere,
bibere non licet"

ix.

Te cicadam celebro
ter beatam, rore
pascens in arboribus
cantas regis more,
quippe tua propria
prospicis in pratis,
seu quae crescunt omnia
saltibus in latis.

Comes es agricolae,
nihil cuiquam noces,
praecinens mortalibus
aestus tempus doces;

te Camenae diligunt,
   favet tuis rebus,
vocem tibi liquidam
   qui donavit Phoebus.

Te non terit senium,
   docte argutaris,
terrâ nata diceris,
   cantu delectaris;
sic exsangui corpore
   valida putaris,
ut par immortalibus
   paene videaris.

x.

Volo Cadmum celebrare
et Atridas collaudare,
lyra vero suis chordis
resonat amorem cordis.

Nervos nuper permutavi,
lyram novam comparavi,
at Herculeos labores
non sonabat, sed amores.

Vos heroes, valeatis,
a me procul abeatis!
Lyra servans suum morem
tantum resonat amorem.

xi.

Tauris cornua natura
dedit illos defensura.
Equos ungulis ornavit,
pedes lepori donavit;
leo dentium hiatu,
piscis notus est natatu,
aves factae volitantes,
viri ratiocinantes.
Sic natura dividebat.
nihil feminae habebat.
At illius pulchritudo
valet plus quam multitudo

lancearum, clipeorum,
militarium armorum.
Pulchra mulier armamenta
vincit, ignem, ferramenta.

3. Ibycea

i.

Arbores Cydoniae
vere fluviorum
irrigantur frigidis
aquis tumidorum,
ubi nymphis colitur
lucus sacer, flores
sub umbrosis pampinis
proferunt colores.

Amor anni tempore
nullo fit quietus,
saevit sicut Boreas
neque sentit metus,
venit iussu Veneris
fervido furore,
animum indomitus
occupat ardore.

ii.

Amor nigris palpebris
paetule me spectat,
incantationibus
omnibus allectat;
rursus suis oculis
me vult irretire,
infinita retia
Cypridis inire.

Corde tremo trepidus
illius adventum
sentiens me senio
nimis esse lentum,
ut senescens nobili
palma decoratus
equus ad certamina

minus est paratus.

4. Alcmanica

i.

Valles, vertices quiescunt,
saltus, colles conticescunt,
altum est silentium.
Quotquot alit terra nigra,
iacent somno noctis pigra
genera reptilium.
Ferae, montes incolentes,
tacent omnes dormientes
et examen apium,
monstra maris in profundis,
subter purpuratis undis,
genus volatilium.

ii.

Dulce desiderium
vocibus mellitis
concinentes virgines
in choreis citis:
me non mea genua
valent comportare,
ut vobiscum canere
possim et saltare.

O quam essem cerylus,
mari spumescente
ludit qui cum feminis
corde non timente:
super undas floridas
ales purpuratus
volat alcedonibus
sociis amatus.

Vita

Tuomo Pekkanen natus est anno 1934, post studia philologiae classicae atque linguae Sanscriticae et linguisticae Indo–Europaeae in Facultate Philosophica Universitatis Helsinkiensis anno 1969 in ordinem doctorum primus eiusdem Facultatis promotus. Director Instituti Romani Finlandiae in urbe Roma annis

1969–1972. Docens philologiae classicae in Universitate Helsinkiensi annis 1969–1999. Professor ordinarius linguae Latinae in Universitate Granivicensi (Jyväskylä, Finnia) 1975–1999, postea emeritus. Socius conditor Academiae Latinitati Fovendae (ALF), moderator Conventus X 1997 et vicarius praesidis eiusdem Academiae ab anno 1998. Divulgavit annis 1963–2002 circiter 220 studia minora vel maiora, in quibus potissima sunt opuscula ad geographiam et ethnographiam Europae septentrionalis et orientalis pertinentia, Kalevala Latina (1986), grammatica Latina, libri scholastici, carmina Latina.

Chronogrammata

Winfried Czapiewski

Zum 70. Geburtstag von Rochus Habitzky:

roCho aMICo tota bona
et annos gratIIs sVpernIs refertos
toto eX peCtore CaeLItVs eXoptat
VInfrIDVs.
1997

Zu Weihnachten 1997:

IesVs,
QVeM pastores IbI aDoraVerVnt
VbI InVenerVnt,
nobIs est VIa, VerItas, VIta
et praesentIa IpsIVs InfInItI
et LVX LVCens CVnCtIs.
1997

Dank für ein Gedicht von AER:

annae eLIssae
poeMatIs eIVsqVe epIstVLae CaVsa
toto eX peCtore sVo
gratIas agVnt et saLVtant
eX Vrbe oberhVsa
VrsVLa VInfrIDVsqVe.
1997

Neujahrswünsche für die LVPA:

LVpa,
LatInItatI VIVae proVehenDae assoCIatIo,
pro nobIs seMper et VIVat
et fLoreat et eXCresCat.
1998

Georg Scherer zum 70. Geburtstag:

georgIo sCherer septVagenarIo
CVnCta pLenaqVe bona
seMper eXoptat atqVe gratIas agIt
VInfrIDVs CzapIewskI.
1998

Der LVPA zum neuen Jahr:

LVPA,
LATINITATI VIVAE PROVEHENDAE ASSOCIATIO,
ANNO NOVO SEMPER PRO NOBIS ET PRO VOBIS
VIVAT FLOREAT CRESCAT.
1999

Zur Geburt des ersten Enkelkindes:

IVDITHA, PVELLA FILIA NEPTIS, NATA EST NOBIS.
EXSVLTANT IBI ET LAETANTVR
CAELVM ET ANGELI ATQVE TOTA TERRA.
1999

Zur vierten Sitzung der lectio Thomae in Oberhausen:

NVNC VINFRIDVS ET SOCII
LEGVNT ET INTELLEGVNT
LINGVA LATINA
OPVS THOMAE AQVINATIS.
1999

Zur Habilitation eines Schwagers:

STEPHANVS HABILITATVS EST VNICVS IN FAMILIA
CVI QVOQVE GRATVLANTVR
EX VRBE OBERHVSA
VRSVLA VINFRIDVSQVE.
1999

Dank an Freunde aus der LVPA:

SVSANNAE ALIISQVE CARISSIMIS
VINFRIDVS GRATIAS AGIT
ACTIVITATIS ATQVE EFFICIENTIAE CAVSA.
2000

Zur Geburt des zweiten Enkelkindes

MATTHIAS
FELICITER IBI PVER NATVS EST
ET FILIVS DATVS EST NOBIS.
SIC PARENTES ET SOROR
NECNON AVIA ET AVVS LAETANTVR.
2000

Emma Grasso zum Jahresbeginn 2000:

es eMMa nostra bona
2000

Anna Elissa Radke zum 60. Geburtstag:

anna eLIssa seXagenarIa
poetrIa CLarIssIMa
Deo IVVante
VIVat fLoreat atqVe
Ipsa IVgIter CresCat.
2000

Nach einer Tagung in Oppeln:

Dorothea et antonIVs et VInfrIDVs
pIe orantes beate VIVentes
LatIne CoLLoqVentes saepe rIDentes
In opoLIa feLICes fVerVnt.
2000

Zur Hochzeit des Sohnes Thomas:

thoMas et steffI feLICes
pVbLICe In CarItate ConIVngVntVr
nonnVLLIs praesentIbVs
In offICIo regIstratIonIs atqVe eCCLesIa.
2000

Zur silbernen Hochzeit eines Freundes:

MarIon et Ioannes petrVs
IbI feLICIter per VIgIntI qVInqVe annos
In CarItate et gaVDIo ConIVnCtI sVnt.
2000

Zu Weihnachten 2000:

In qVo faCta est terra
et qVeM pastores LaVDaVerVnt
et reges eXspeCtaVerVnt
qVaesIVerVnt InVenerVnt VIsItaVerVnt
nobIs est VIa et VerItas et VIta,
natVs In praesaepIo pVerVLVs fILIVs VnIgenItVs.
2000

Zum Ende der LVPA:

fInIs LVpae DestrVCtae
nVnC sIt orIgo noVae soCIetatIs LatInae
pLenae hVManItatIs VerItatIs IntegrItatIs
In noVos fInes.
2001

Hoffnung auf bessere Zeiten für die LVPA:

LVpa noVa
VeLVt phoenIX e pVLVere resVsCItata
VIrIbVs noVIs
atqVe feMInIs et VIrIs noVIs
fortIter hILarIterqVe
proCeDIt In fInes noVos.
2001

An Maja Giese zum neuen Jahr:

oh MaIaM!
2001

An Maja Giese im Februar 2001:

oh
MaIa
Mea!
2001

An Maja Giese im März 2001:

oh te
MaIaM!
2001

Zur Geburt von Zwillingen bei Susanna Liell:

CLara et paVLa
Deo IVVante feLICIter natIs
tota faMILIa IbI Vere
toto eX sInV IVbILat.
2001

Zur Geburt des dritten Enkelkindes:

sVen, nepos tertIVs
fILIVs fILII et nVrVs CarIssIMae

TOTO CORDE RECIPITVR
ET A NOBIS SALVTATVR.
2001

Nach dem 11. September 2001:

TERRORISMVS IN ERRORE RELIGIOSO ORTVS
ATQVE CRVDELITER PERACTVS
SAECVLO NOSTRO VBIQVE GRASSATVR.
2001

Nach dem 11. September 2001:

TERRIBILE BELLVM
IN VNIVERSO INSTAT.
DEFENSIO LIBERTATIS ATQVE PACIS
NEC VLTIO REQVIRVNTVR.
2001

Nach dem 11. September 2001:

TERRORISMO TERRITVS
ORO VT DECRESCAT VIOLENTIA
ATQVE CRESCAT IVSTITIA
FIAT PAX SIT QVIES NOBIS.
2001

Nach einer Sitzung des lateinischen Lesekreises in Hamm:

GREX NOSTER
INTER NONNVLLOS LIBROS SEDENS
ATQVE TEXTVS LATINOS
INTELLEGENS LOCVTIONEM HABVIT.
2001

Nach einem persönlichen Gespräch mit Maja Giese:

MAIAE
PVLCHRA SECRETA PROPRIA SVI
IN ITINERE LATINE LOQVENS
NARRAVIT ATQVE COR APERVIT VINFRIDVS.
2001

Für die Studentin Sigrid Geiger, die sich mit der Theologie Karl Rahners beschäftigt:

SIGRIDES VIOLINISTA
DE CAROLI RAHNER THEOLOGIA
ATQVE PHILOSOPHIA AGIT,

DILIGENTER QVOQVE EX LIBRIS EIVS LEGIT.
2001

Herrn Bruno Kick zum Namenstag:

BRVNONI
MAIA ET VINFRIDVS
IN FERIIS BRVNONIS CARTHVSIENSIS
GRATVLANTVR ORANTQVE
VT IVGITER SINT EI PAX
ATQVE CVNCTA QVAE SIBI VVLT.
2001

Nach einer Griechenlandreise (die Reiseleiter hießen Bärbel und Heinz Engel):

DVOBVS ANGELIS DVCENTIBVS
GREX NOSTER IN TERRA GRAECA
OPERA ARTE FACTA VIDENS
ATQVE HILARITER LOQVENS ERAT.
2001

Für Silvanus Mertens nach einem Colloquium in Duisburg:

SILVANVS MERTENS HILARITER LOCVTVS EST
IN TABERNA ET NARRAVIT
DE VIA PEREGRINATORIA
SANCTI IACOBI NVPER PERVASA.
2001

Für Heinrich Baltes nach einer Augenoperation:

OCVLIS HENRICI BALTES
BENE RESTAVRATIS
LVX ITERVM ACVTE VIDETVR.
2001

Zur Hochzeit der Tocher Annette:

ANNETTA ET RONALDVS CONFIDENTES DEO
NVNC VT ET FRATER ATQVE SORORES
AVSTRIA IVGITER ET PERPETVO CONIVNCTI SVNT.
2001

Für Gyburg Radke zur Promotion:

GYBVRGAE LINGVAE GRAECAE PERITAE
ATQVE SAPIENTIAE ORNATV VERE EXORNATAE
LAVS ACADEMICA LARGITER PRAEBETVR.
2001

Zu Weihnachten 2001:

INCIRCVMSCRIPTIBILIS DEVS,
VERA PAX NOSTRA,
NOBIS PACE SVA SATIS EGENTIBVS
IN TERRA APPARVIT.
2001

Zur Taufe des dritten Enkelkindes:

NEPOTVLVS SVEN
HOC ANNO BAPTIZATVS
ET CHRISTIANVS FACTVS
INDESINENTER SEQVATVR CHRIStVM.
2001

Maja Giese zum Jahr 2002:

MAIA SIT SEMPER BEATA.
2002

Maja Giese zum Jahr 2002:

MAIA NOSTRA OPTIMA EST.
2002

Zum Jahresbeginn 2002:

ANNVS NOVVS EXSISTAT NOBIS
DEO IVVANTE
PLENVS PACIS AMORIS IVSTITIAE
ATQVE VBIQVE
VACVVS BELLO VIOLENTIA ANXIETATE.
2002

Alfons Weische zum 70. Geburtstag:

ALPHONSO WEISCHE SEPTVAGENARIO
GRATVLANTVR VINFRIDVS ATQVE VRSVLA VXOR
TOTO EX CORDE
NECNON EXOPTANT CAELITVS
CVNCTA BONA CONTINENTER ET VBIQVE.
2002

Zu einem Vortrag von Heinrich Baltes:

OMNIA DE LVNA
IBI BENE ATQVE SANE

eX thesaVro sCIentIae sVae
eXpLICat henrICVs baLtes.
2002

Zum 70. Geburtstag von Antonius Wagner:

antonIo wagner septVagenarIo
aC VXorI pVLChrae
gratVLantVr toto eX CorDe
VrsVLa et VInfrIDVs
neCnon eXoptant CaeLItVs
CVnCta bona VbIqVe.
2002

Zum Schülermord in Erfurt:

In Vrbe erforDIa et VbIqVe
propter SCeLVs CrVDeLe
IVVenIs parrICIDae LVgetVr.
2002

Emerich Coreth S.J. zum Ordensjubiläum:

eMerICVs Coreth
seXagInta qVInqVe annIs
VestIgIa sanCtI IgnatII
fIDeLIter seCVtVs est.
2002

Zur officina poetica von AER in Oppeln:

offICIna poetICa praebeat VobIs
gaVDIa atqVe noVa CarMIna
pVLChra, VenVsta, sVaVIter ornata.
2002

Josef Fischer zum 80. Geburtstag:

IosephVs pIsCator oCtogenarIVs LatInIsta
In ItInere VItae
VaLetVDIne atqVe feLICItate seMper frVatVr.
2002

Nach einer Englandreise (der Busfahrer hieß mit Hausnamen Schatz):

greX orta eX essenDIa
herberto atqVe VrsVLa atqVe VDaLrICo
thesaVroqVe eXaCte DVCentIbVs

VESTIGIA BONIFATII SEQVENS IN BRITANNIA
PEREGRINATVS EST.
2002

Nach einer Tagung in Amöneburg:

LATINITATIS VIVAE STVDIOSI
CONVENERVNT AMOENEBVRGI
ET HILARI ET LAETI LOCVTI SVNT LATINE.
2002

Nach einem Familientreffen in Nauders/Tirol:

TOTA FAMILIA NOSTRA
FELIX ATQVE TRANQVILLA
CONFLVXIT IN VICO NAVDERS.
2002

Nach einer Reise durch Osteuropa mit der Firma Engel–Reisen:

TRES ANGELI SVAVITER NOS DUXERVNT
PER ITER
IN POLONIA ATQVE RVSSIA NECNON TERRA BALTICA
FACTVM.
2002

Für AER nach der öffentlichen Vorstellung ihres neuesten Dramas über Dominikus Savio am 23. September:

ANNA ELISSA NVPER VERINAE PRONVNTIAVIT
OPVS SVVM RECENS
DE SANCTO AC VERNERABILI ET HONORABILI PVERO.
2003

Vita

Winfried Czapiewski, Jahrgang 1932, Studium der Philosophie in Münster und Innsbruck. Dr. phil., Lic. phil., Dr. phil. fac. theol., Schüler von Josef Pieper, Emerich Coreth S.J. und Karl Rahner S.J., war in der kirchlichen Erwachsenenbildung als Dozent für Philosophie tätig, beschäftigt sich seit seiner Pensionierung genauer mit der lateinischen Sprache.

Carmina recentissima

ANNA ELISSA RADKE

Genethliaca

Ad Alanum Van Dievoet diem natalem agentem 18. m. Martii a. 2002
(cf. Hor. c. I,7)

Laudabas alios, at quis te laudat, Alane?
  Quis vincit tua tempora lauro?
Insuper immerito te illusit falsus amicus,
  cui te semper adesse iuvabat.

Quare populeam necto tenuemque coronam,
  quae prius et Teucrum decoravit:
Ergo cum socio fido fidoque sodali
  Leni tristia vulnera vino!

Ad Antonium Wagner septuagenarium

Antoni, duo sunt tibi patroni:
solitarius alter ille magnus,
fratrum et ordinis alter est minorum.
Eremita, puto, tibi advocandus
raro; nam Cacodaemones magistrum
imperterritum et integrum verentur.
At fortasse seni seniliori
Afferet tibi reculas latentes
ille Antonius in manu libellum,
alba et lilia, Jesulum ferensque.
Sancte, ut ille cliens tuus suarum
rerum sit memor, hoc precor, simulque
nec e corde Camenam omittat umquam.

Ad Sabinam Traud[1] *Solitariensem diem natalem agentem d. XIV. m. Augusti a. MMI*
(cf. Prop. III,10)[2]

Quis ter mane sonos crepuisset, forte, Sabina,
  quaeras: ille Petrus Lotichius crepuit:
Fausta dedit tibi signa diem roseum celebranti,
  qui immatura obiit morte prius iuvenis![3]

---

[1] Sabina lectionem habuit inter Seminarium Opoliense III de Petro Lotichio Secundo. Thema seminarii erat: Silesia humanismo imbuta.

[2] Quia Lotichius imitatus est elegiarios antiquos, ego quoque inserui elegiae quasdam allusiones Propertianas.

[3] Lotichius mortuus est XXXII annorum.

"Ecce, Sabina, ait ille, iterum ad vitam revocasti,
sanguine meque tuo, postuma neptis, alis.
Post tot saecla meas miseras recitasti elegias,
descendo Elysio, Elysiamque[4] peto!"
Et cum fratre[5] meo tibi continuo benedicam,
ut sine nube tuus transeat ille dies!

Ad Sanctum Bonifatium vel Vinfridum
Vinfrido Czapiewski septuagenario dedicatum

Septuaginta sequitur per annos
te, suum, Vinfride, pium patronum,
ille Vinfridus: benedic clienti,
o Bonifati,

sive longinquos iter ad Britannos
ducit, ad Fuldam vel Amoeneburgum,
semper adiuva peregrinum, adesto,
o Bonifati!

Arborem falsi veterem Tonantis
tu cecidisti prius et tulisti
unicum Deum fideique lucem,
o Bonifati!

Da tuo servo simili furore
caedere ascia vitia impudica,
ut scelus latens retegatur omne,
o Bonifati!

Ille sic claustri renovet ruinas,
inter et muros habitet repulsa
castitas, strigis fugiat cachinnus,
o Bonifati!

Sancte, nunc servum comita fidelem,
protege et mentem simul atque corpus,
ut tibi dicat referatque grates,
o Bonifati!

---

[4] Elysia = Silesia, quia ibi Sabina recitavit carmina eius.
[5] Poetria loquitur, quae se esse sororem Petri Lotichii, nempe poetriam Neolatinam, confitetur.

Genethliacum
Alfonso Weische septuagenario dedicatum

Labuntur anni, guttaque labitur,
o noster Alfonse, ex oculo tuo:
mundi queraris vanitatem, —
dicere te scio rite grates

illi, per annos qui benedixerit
periculosis omnibus in viis
divina adoranti sacramenta
et monitis Patris obsequenti.

Seu iam peracta lustra tibi decem
seu plura: semper dinumerabitur
et singulus dies et annus,
singulus in capite et capillus.

Ad Caelestem Eichenseer septuaginta quinque annos natum

Laudabunt alii[6] te hilarem[7] stabilemque magistrum
menteque mobilem et impigrum amicum.
Maximum amatorem linguae vivae veterisque et
defensorem ad sidera tollent.
Quid titulis addam? Summis quid laudibus illis?
Obticuit mea Musa rubescens.
At loquitur tua, — quod dictu est mirabile, — imago,
fulget et ex oculis senis illud
ingenium puerile, et adhuc iocus atque facetum
sunt comites pueri petulantes:
"Ut pedifolle[8] prius, nunc ludo folle Latino,
prompta mihi est rubra chartula semper!
Omnia perscrutor, miror miracula mundi,[9]
inter quae quoque lingua Latina est.
Propterea pergam laudare Deum omniloquentem,[10]
Dum modo spiro ego, voce Latina."[11]

---

[6] Cf. Hor. c. I,7,1.
[7] V. 1–4 cf. Sigrides Albert: Caelestis Eichenseer. In Vox Latina, Tomus 35, 1999, Fasc. 136, p.152–155.
[8] Cf. Caelestis Eichenseer: Latein aktiv,S.29–32 passim.
[9] Cf. Sigrides Albert: Acroasis Cyclica: De Latinitate – Num sit miraculum quoque mundi. In: VL Tom.35, 1999,Fasc. 136, p.156–170.
[10] Omniloquens (Neologismus!) = omnium linguarum potens.
[11] Voce Latina vel VOCE LATINA (commentarii periodici).

Ad Ingam Pessarra sexagenariam

Tarda et morata longius advenit
ad gratulandum nostra sodalitas:
festum diem tuum canamus:
innumeri tibi dentur anni!

Linguae Latinae nulla peritior
inter sodales, Inga, potens loqui
vernaculam ut linguam et Latinam,
nostra magistra, LVPAe patrona.

Ad Annicam Gölzhäuser, puellam recens natam et baptizandam

Aera insolitum modo
Naribus roseis trahis:
Insufflat tibi Spiritum
Sanctum, nata, sacerdos.

Mulcent te manibus suis
mater et genitor tuus:
Frontem pollice palpitans
et pectus cruce sic notat
te, puella, sacerdos.

Sic fovere caput tuum
mitra sollicite studet
parens: presbyter ut manu
vertici imposita tuo
a malo tegit omni.

Qualis grammaticus pater[12]
salem dat veteris tibi
linguae: sic sapientiae
salem ecclesia per virum
sacratum tibi tradit.

Sic post partum aperit tuum
nasum, aures medicus suae
lege artis: tibi suaviter
sacerdos madido intimum ut
tangit pollice sensum.

Obstetrix ut aqua cruorem
Abluit tepida tibi,

[12] Thomas Gölzhäuser auctor libri "Piper Salve!"

sic vestigia pristini
lapsus tam lacrimabilis
per baptisma luuntur.

Ut protextit in utero
Vernix illa cutem tuam
Caseosa, etiam haud secus
atque in vertice largiter
fusum chrisma sacratum.

At tu, balbula filia,
a cunis superaddita
condas corde tuo Dei
indignoque homini data
et gratis! — benefacta.

Ad Albertum Samuelem Kadłubek puerum recens natum

Elysiae[13] Musae paulo maiora canamus:
  Te, puer Europaee, saluto!
O utinam patriae redeant Saturnia regna,
  sint tibi frugibus horrea plena!
At si forte fores gracilis pulsabit egestas,
  ne timeas: aderunt tibi amici!
Mox Astrea redit, mox Iustitia omnia vincit,
  libertas quoque te comitabit.
Haec opto, vates, verum ut praedixeris olim
  et nobis pueroque Polono.
Sin tibi fata negant pacem vitamque beatam, —
  Adalberte o sancte patrone,
exeat o iterum nobis a gente Polona
  Lux evangelii solidalis!

An den neugeborenen Albert Samuel Kadłubek

Schlesische Musen, stimmt an nun etwas erhab'nere Lieder:
  Sei mir gegrüßt, europäisches Knäblein!
Kehrten doch auch in dein Land zurück die goldenen Zeiten,
  die dir die Scheuern bis obenhin füllten!
Wenn aber dennoch bei dir die Armut klopft an die Türe,
  fürchte dich nicht: deine Freunde sind bei dir!
Bald kehrt Astrea zurück, und Gerechtigkeit wird bald obsiegen,
  und auch die Freiheit wird dich dann begleiten.

[13] Elysia = Silesia, Schlesien.

Daß du, Vergil, uns Wahres geweissagt, das wünsch' ich von Herzen
   uns und dem neugeborenen Polen.
Wenn aber dir das Schicksal versagt einst Frieden und Freude:
   Unser Patron, o du heiliger Wojciech,
ausgehen möge doch wieder für uns vom polnischen Volke
   göttliche Botschaft und auch Solidarność!

Ad Thomam puerum recens natum (29.12. 2002), nepotem Vinfredi Czapiewski

Thoma, nate puer recens, salutant
integrum te avia atque avus, parentes!
Utrum incredulus ut patronus olim
tandem servus eris Dei fidelis,
doctorem angelicum anne tu sequeris?
Ambo, — apostolus et magister ille,
qui doctissimus omnium putatur, —
te ducent per inhospitalitatem
mundi perque viam periculosam
vitae, parve nepos avi periti
Thomanae sapientiae perennis.

An den neugeborenen Thomas, den Enkel Winfried Czapiewskis

Thomas, rosiges neugebornes Knäblein,
dich begrüßen die Großeltern und Eltern!
Wirst du, ungläubig wie einst dein Patronus,
endlich gläubig, ein Diener Gottes werden,
oder wirst du verehrn den Aquinaten?
Beide werden — der zweifelnde Apostel
und der fähigste aller Professoren —
dich hindurch durch die Widrigkeit der Welt führn,
und dich schützen auf allen deinen Wegen,
jüngstes Enkelchen eines Thomas–Kenners,
der sein Leben geweiht der ew'gen Weisheit.

Genethliacon Waltero Wimmel octogenario dedicatum

Mirabilem illum, Musa, virum cane
et munera eius nunc memora mihi,
   qui sedecim per lustra mundo
      dulce decus fuit, est eritque:

Albi Tibulle, o alter ego illius,
laudavit omnes ille elegos tuos,
   interpres et praeco libelli
      tam tenuis tenerique amoris.

Iudex Horati candide, protegas
doctum profunde grammaticum tuum
et postumum fratrem atque amicum,
ut maneat tua laus in aevo!

Genethliacon Sabinae Traud diem natalem agenti d. 14 m. Aug. a. MMII dedicatum

Te non virorum vis rapuit fera,
nec de Sabinis montibus horridis
deduxit in campos Latinos
in mediam celebremque Romam:

tu consecuta es Marte tuo sonum
linguae Latinae, cultaque carmina
vatum et vetusta apostolorum
scripta, loquelam iterum renatam.

Civem Sabinam ut Roma receperit,
exopto, eamque ut protegat, ultimis
de finibus quae venit Hessis,
sed tamen illa decus Quiritum est!

Epithalamia

Epithalamium Bradio Vilcensio Mauro III et Magdalenae Annae Jarczyk dedicatum

Corda nexuit et manus
clam furtimque anus aurea,
mater callida candidae
Deliae: cecinit prius
sic poeta Tibullus.
(cf. Tib. I,6,57 ss)

At multo iuvenilius
interrete recens potest
magna cum taciturnitate,
o Bradi atque puellula,
vos coniungere amantes!

Adiuvatque poetria
Sappho: carmine nuptias
exornat, thalamum et simul,
Musa munere fungitur
virgini valedicens.

Per tot saecula carmina
cantantur genialia:
seu lyra comitante sive
interrete tacente amor
vincet omnia in aevum!

Epithalamium Barbarae et Theodoro Mahlmann dedicatum
(Barbara Bauer laudavit Henricum Heine in annuntiatione nuptiarum suarum:)

Wir fuhren allein im dunkeln
Postwagen die ganze Nacht;
Wir ruhten einander am Herzen,
Wir haben gescherzt und gelacht.

Doch als es morgens tagte,
Mein Kind, wie staunten wir!
Denn zwischen uns saß Amor,
Der blinde Passagier!

Heinrich Heine: Die Heimkehr 1823–1824[14]

Versio Latina:

Clam inter vos sedebat
In rhaeda publica
Cupido, clam ridebat
Colloquia critica.

Ascendit altera vectrix
Clam invisibilis
Rhaedam: exul poetris
Extollit nimis humiles.

Epithalamium serum Vinfrido Czapiewski et Ursulae uxori eius, quam ille in matrimonium duxit ante quadraginta annos, dedicatum

Nuptialia carmina
serius retulit tibi,
Vinfride, atque tibi, bona
coniux illius Ursula,
Anna Elissa poetrix:

Felices ter et amplius,
Flaccus ut cecinit prius,
quos inrupta tenet vetus
copula, o benedicta anus

[14] Hoc carmine ornaverunt Barbara et Theodorus Mahlmann annuntiationem nuptiarum.

Baucis atque Philemon!

Quos fidos, Ovidi, canis,
qui deos et incognitos
hospitaliter in casam
accepere, mori quibus
Juppiter dedit una.

Caelestes, homines pii,
semper his benedicite:
in templo maneant Dei,
sint exempla nepotibus
atque posteritati!

Spätes Hochzeitslied, Winfried Czapiewski und seiner Frau Ursula, die er vor vierzig Jahren geheiratet hat, gewidmet

Lieder, die man zur Hochzeit singt,
allzu spät hat sie, Winfried, dir
und auch dir, seiner Ehefrau,
Ursula, jene Dichterin
Ann' Elissa gesungen:

Mehr als dreimal sind glücklich die,
— wie Horaz sie gepriesen hat —
die verbindet das Treueband
unverbrüchlich, gesegnete
Baukis und auch Philemon!

Deren Treue du preist, Ovid,
die einst Götter, ganz unerkannt,
gastlich in ihrem kleinen Haus
aufgenommen: zum Dank ließ Gott
auch zusammen sie sterben.

Ihr im Himmel, ihr Frommen auch,
immer segnet das treue Paar,
daß im Hause des Herrn es bleib,
Vorbild sei es der Enkelschar
und auch spät'ren Geschlechtern!

Kommentar:

Das Gedicht ist im Versmaß einer glykoneischen Strophe geschrieben (Crusius, § 153), weil schon Sappho und dann auch Catull dieses Metrum für Hochzeitslieder verwendet hat.

2. Strophe: "Felices ter et amplius/ quos inrupta tenet copula" ist Zitat aus Horaz, c. 13,17.18. Flaccus= Horatius Flaccus.

3. Strophe: Ovid erzählt die Geschichte des frommen alten Paares Philemon und Baukis in den Metamorphosen Buch VIII,626ff.

Epitaphia

Epithaphium patri Sabinae Traud dedicatum

Hic requiesce in pace, o irrequiete viator,
per montes peragrasti et quotiens per agros!
Tu quoque et hic consiste, precor, peregrine viator,
dicque viatori: "sit tibi terra levis!"

Carmen consolatorium ad quendam

Nomine in Patris pater est sepultus:
angelorum alis[15] anima est revecta
ad Patrem aeternum, — lacrimans valedic,
maeste relicte.

Longius vixit patre Simeone:[16]
Vidit et saeclum et Domini salutem,
tresque filios totidem nurusque
progeniemque.

Mors sed immatura mihi puellae
abstulit patrem iuvenem, marito
mater orbata est, sine praeside ullo
sola relicta est.

Tu cares sero patris ergo amore?
Diligo te non ut amicum amavit
vulgus, immo te generum atque gnatos
ut pater olim.[17]

Epitaphium cani cuidam nomine Hungarico "Suli" (i.e. Parvulus) dedicatum

Mortuus est canis exiguus: Lugete propinqui!
Efflavitque animam tam vigilax animal.
Cruribus et curtis ascendere saepe studebat
Scalas, dum torpor denique vicit eum.
A, ubi gannitus portam me praetereunte?

---

[15] EG 397, Str. 3: Ach Herr, laß dein lieb Engelein ...

[16] Cf. Luc. 2,25ff.

[17] Cf. Cat. c. 72,3.4: Dilexi tum te non tantum ut vulgus amicam,/ sed pater ut gnatos diligit et generos.

Nulla querela canis, numquam ululatus erit.
Janitor exsomnis, tu deliciaeque tuorum,
Tota domus, dulcis parvule, te queritur.

Grabinschrift für einen Hund mit dem ungarischen Namen "Suli" (d.h. Kleiner)

Tot ist das winzige Zwergdackelchen: Beklagt es, ihr Nachbarn!
Denn dieses wachsame Tier hauchte sein Leben jetzt aus.
Oft hat das Hündchen versucht, zu erklimmen mit seinen kurzen
Beinchen die Treppe, doch, ach, Lähmung befiel es zuletzt.
Wo bleibt sein Kläffen, wenn ich vorübergeh an der Haustür?
Nie wieder Jammern des Hunds, nie mehr Gejaul wird sein!
Wachsamer Hüter der Tür, du kleiner Liebling der Deinen,
Suli, das ganze Haus, weint über dich, unsern Schatz.

In memoriam Huberti Petersmann

Splenduerat sermo studiosis hic modo in aula:
Cum mors atra facem praeripuit genio.
Sed tamen Huberti servemus corde nitorem
Grati laudantes atque viri memores.

Zur Erinnerung an Hubert Petersmann

Eben noch strahlte im Hof[18] den Studenten das Licht seiner Rede,
als seinem Genius der Tod Fackel des Lebens entriß.
Dennoch laßt uns im Herzen den Glanz seines Geistes[19] bewahren,
voll des Lobes und Danks denken wir immer des Manns.

Ad reconvalescentes

Ad Josephum Mantke gravi morbo afflictum

Hoc est officium omnium piorum
proximum invalidumque visitare.
At, Josephe, ego languidum cubantem
te ultro sponteque viserem libenter,
ni longum nimis esset et molestum
Vratislaviam iter tuam ad remotam.
Quare carminis offero involucrum:
ars verum quasi reddat omnem omissum
mundum, solem, avium novosque cantus,
mentis gaudia corporisque vires!

---

[18] Hof = Marstallhof, Straße in Heidelberg, wo sich das Seminar für klassische Philologie befindet.
[19] Hubert von Hugbert, zu ahd. hugu = Geist, Sinn, Verstand; –bert zu beraht = glänzend.

Ad Vinfridum Czapiewski reconvalescentem

Vere te flores reducem salutant:
"Nunc magis magisque reconvalesce,
corde dilatatus et omnium cru-
cum misereris."

Ad Iosephum Mantke

Vexabat capitis dolor intolerabilis olim
vatem: nil valuit ne medicina quidem.
At cum suave puer docilis recitavit Homerum,
effugisse dolor dicitur atque furor.
Sic tibi et effugiant, optamus, forte dolores,
carmen inauditum si tibi Musa canit.

An Josef Mantke

Heftigster Kopfschmerz hat einst den großen Tübinger Dichter
häufig gequält, und es gab gegen dies Leiden kein Gift.
Doch wenn ein Schüler in sanftem Ton Homer rezitierte,
dann, so heißt es, verging Wahnsinn und Kopfweh zugleich.
So nun wünschen wir dir, daß vielleicht die Schmerzen vergehen,
wenn die Muse für dich singt diesen neuen Gesang.

Ad Sanctos

Hyacinthus Mediator
Hymni Latini patrono dedicati

Prologus

Ad Sanctum Hyacinthum

Nominis tui violacea aura
thure dulcior foliis adhaerens
implet hortulum vetus et sacellum,
Sancte Hyacinthe!

O puer dilecte deo, atque martyr,
qui pater vocaris apostolusque,
o Polonorum pius et patrone,
Sancte Hyacinthe!

Tu, precor, succurre tuae clientae,
tristibus submergor aquis dolorum.
Da tuam mirabilem adhuc lacernam,
Sancte Hyacinthe!

Hyacinthus Mediator

I

Hyacinthus mediator linguarum

Slavicae linguae mediator atque
mortuae dictae veteris Latinae,
Sancte, te praesente, Hyacinthe, sermo
sit benedictus:

Vivida, sancta mediante lingua
vincitur tandem Babylonica illa
turris, instauratur ab orbe terrarum
una loquela.

II

Hyacinthus mediator confessionum

Confessionum tu mediator es
seu lutheranam aut catholicam fidem
seu foedus atque ius vetustum
confiteantur et alcoranum.

Hic pacis aulae sunt in Elysia,
quas tu, benigne et comiter aspicis
unaque adorantes precamur,
ut deus adiuvet unitatem.

III

Hyacinthus mediator gentium

Qui bene omnibus volus atque amicus
gentibus lucem fidei tulisti,
ultimos fines tetigisti et Euxi-
num quoque Pontum.

Da tuis omnes populos amare,
dissonos placare fruique pace,
candido sermone loqui nec umquam
dissimulanter.

IV

Hyacinthus mediator doctrinarum et artium

Doctrinarum, Hyacinthe, auctor et artium —
namque ars et ratio temporibus tuis
coniunctae docuere alteram et alteram —
introduc iterum coniugium in bonum

Musas indomitas atque scientiam,
ne Pallas sterilis regnet Apollinem,
nec divam ingenium Musagetae regat,
ut maior, precor hoc, gloria sit Dei!

V

Hyacinthus mediator professorum et studentium

Sancte Hyacinthe, prius sola fide mite domasti
superba gentis agmina,
ut minimus puer inter eos sit maximus atque
ministret alter alteri:
mente humili sic discipulis, ut fecit Iesus,
magister et lavet pedes.
Nulli discipulo noceat censura magistri,
nec noxa terreat ioci.
Hic una discant seniores atque iuventus,
docebis ipse, apostole.

VI

Hyacinthus mediator naturae et hominis

Ut prius pallam super aestuosos
Fluminis fluctus etiam altiores,
Sancte, stravisti atque capessiisti
litora tuta.

Sterne nunc pallam super aera atque
flumina impolluta superque silvas
integras, numquam noceant novali
taetra venena.

Gratiae palla fideique palla
mundus ambiens operitur omnis,
laesum tu, patrone, hominumque culpa,
protege mundum!

VII

Hyacinthus mediator divitum et pauperum

Princeps nate puer non humili loco,
vanis divitiis sed tamen abstines,
mendicans ubicumque
praedicare tibi libet.

Sic cum pauperibus dividimus cibum,

atque expers operum, quaestibus et carens
numquam despiciatur,
vincet nostra sodalitas!

VIII

Christus mediator Dei et hominum

Christe, Dei atque hominum mediator solus et unus,
pro cultore tuo gratulor atque precor,
ut semper precibus sanctique piique Hyacinthi
inclines aurem. Gratiam habe, Domine!

Epilogus

Ad Hyacinthum saltantem

O saltans Hyacinthule,
quam pulchra est tunica aurea!
Ventus, ecce, sinus movet,
Sanctus vel potius Dei
Spiritus violentus.

Nostra et corda move, precor,
atque invade sinum intimum
cordis, Spiritus optime,
sancto exsultet anhelitu
pectus omne animatum!

Valedictio in Seminario LVPAno cantata

Referte grates et valedicite
locis amoenis et genio loci:
Vale, Silesia o beata,
atque vale tibi, grex Latine!

Iam gutta manat ex oculis recens,
amplectitur nunc alter et alterum,
interque nos et osculemur.
Nos, Hyacinthe benigne, serva!

Ad Sanctum Dominicum Savio (09.03.)

Sanctus es, Dominice,
factus a Pontifice,
et dilectus unice
a summo nostro iudice.

Rapuit te, puer,[20] mors
Immatura,[21] dura sors.
Credit pius grex concors:
"Deus fecit id nec fors."

Puer, nunc a poculis[22]
servis et a ferculis:[23]
Vives sine maculis[24]
expletus hostiolis.[25]

Ad Sanctum Thomam Aquinatem (de veritate)

Verum cogitare,
Falsum expurgare
Nos docebis, Thoma care!

Neminem fallamus
Nec decipiamus,
veritatem defendamus!

Veritas,
nos ducas
ad Deum aeternum
neque in infernum!

[Melodie: EG 165 "Gott ist gegenwärtig" (ökumenisches Liedgut)]

Ad Sanctum Thomam Aquinatem
(Vinfrido Czapiewski dedicatum)

Alberti es discipulus,
Illuderis bos Siculus,
Oro, doctor angelice,
Scientae famelice:

Adesto fido famulo,
Qui tibi servit sedulo
Doctrinam philosophicam
Docens tuam mirificam.

Da illi robur corporis

---

[20] Ganymedes, puer a Iove amatus, raptus est ab aquilis.
[21] Mortuus est Dominicus XV annorum.
[22] Ganymedes temperavit pocula Iovis.
[23] Dominicus mortuus est nimiis ieiuniis.
[24] Dominicus condidit societatem Immaculatae sacram.
[25] Dominicus saepissime eucharistiam frequentabat.

Validius quam pecoris,
Ut mox tuus discipulus
Valescat ut bos Siculus!

Ad Sanctum Johannem Bosco (31.01. 2003)
(Discipulis instituti Salesiani Florentini et Josepho Colombara, magistro eorum, dedicatus)

Sancte, dispersis ovibus misertus
ut bonus pastor pueros vocasti
pauperes, orbos, scelera apparanda
iam meditatos.

Vestimenta, escas, patriam dedisti,
imperasti et cottidiana pensa,
laudibus nec cum reprehensione
commonuisti.

Caritas ingens tua nos tuetur
sub tuo tecto, pueros, magistros,
ut viam nostram merito, precamur,
perficiamus.

Dies festi

Pascha in bello Mesopotameno celebrata a. 2003

O parce genti, mortifer angele,[26]
bombasque atroces desine mittere,
cellasque calcestro[27] valentes
frangere claustraque perforare!

Descendit olim pacifer angelus:
bombis refulsit clarius omnibus,
saxum revolvit de sepulcro!
Morte resurge, precor, Redemptor!

Portas seratas nunc iterum apperi,
nos in quietum duc viridarium,
nobis in Euphratis propinquo
vivere da propiusque Tigrim!

Ostern im Golfkrieg 2003

O Todesengel, schone das arme Volk
und wirf nicht länger furchtbare Bomben ab,

---

[26] Erat inscriptio in tormento quodam bellico Americano "Killer Angel".

[27] Calcestrum = Beton.

setz nicht auf diese Bunkerbrecher,
die auch den dicksten Beton durchschlagen!

Ein Friedensengel stieg einst zu uns herab:
er blitzte heller als jede Explosion,
er hat gewälzt den Stein vom Grabe:
Unser Erlöser, steh auf vom Tode!

Die langverschloß'nen Pforten schließ wieder auf
und führ' uns wieder ins Friedensparadies,
laß uns ganz nah am Euphrat leben,
nahe am Ufer des alten Tigris.

Septem preces Paschales a. MM

I

Vere resurgit amor, surgunt et Caucasa bella,
Aethiopisque fames: Christe, resurge et ades!

II

Abnegat et mater natam et vir honorus amorem,
Sed festum celebrant: Christe, resurge et ades!

III

Cives dissimulare, etiam iurare solebant
Te Deum adorantes: Christe, resurge et ades!

IV

Myriades cupidorum operae stant undique in urbe:
Nemo conduxit: Christe, resurge et ades!

V

Per totum mundum torquentur et excruciantur
Tot sceleris puri: Christe, resurge et ades.

VI

Despicitur non raro a cive bono peregrinus,
finibus exigitur: Christe, resurge et ades!

VII

Sunt odio suboles, partu fraudatur et infans
deseriturve puer: Christe, resurge et ades.

Miscellanea

Haicua Opoliensia
(Milenae Joksimovic poetriae dedicata)

De castello apud Lapidem Magnum sito

1

Stant lavendulae,
Caeruleae custodes,
Ante sacellum.

2

En, avicula
Praetervolitat aram
Sacro horrescens.

3

Sponsae candidae
Genu flexo adorant
Aureum signum.

4

Inter tot voces
Garrulas hirundinum
Lingua Latina!

5

Post tempestatem
Bracchia tiliarum
Iacent in prato.

6

Corda hominum
Multarum nationum
Pererrant hortum.

7

Fit, ut alterum
Alterum inveniat
Coram scatebra.

8

In muro horti
Se librat solivaga
Gracilis feles.

9

Et me absente
Aspiciet omnia
Noster patronus.

Ad burgimagistrum Lapidis Magni

O praefecte huius vici,
praeses Magni Lapidis,
tu Maecenas potes dici
neque gentes dividis:
Ad salutem nationum
vinum spumans tribuis:
unitatem potionum
atque cordum statuis.

2

"*Freude, schöner Götterfunken*"
(Lesculo Bobiatynki dedicatum)

Salve, nostra lux divina,
laeta o Elysia,
arva tua, nunc Latina,
praebent summa gaudia:
magica Latinitate,
quidquid fatum diripit,
est unitum: Exsultate!
Novum aevum incipit.

Ad Halinam Zyła burgimagistram Opoliensem

Burgi magistra, praeses Opoliae,
urbem gubernas impavida manu
gerisque muralem coronam
ore nitente, oculis decoris.

Patris Viadri candida filia,
altis superba turribus oppidi
omnes viatores salutas
largiter hospitiumque praebes

et vina nobis ingeris optima,
dapes opimas insuper apparas
ut mater, Europaea Halina,
gentibus omnibus et ministras.

4

Laus Breslae recentissima
(Ad Josephum Mantke post acroasim habitam de laudibus Vratislaviae)

Quis te, Bresla, canit, multis te laudibus effert
nostris temporibus? Musa Latina tacet!
Condit corde suo tot carmina docta professor:
Vir doctus Breslae laus erit atque decus!
Te, Josephe, docente vetus laus surgit ad astra,
surgit Bresla simul, gemma Silesiaca!

5

In inscriptiones Latinas sepulcris Silesiis inscriptas
(Johannae Rostropowicz dedicatum)

Cui prius evulsa est fato vernacula lingua,
inter tot linguas nulla placebit ei.
Denuo ne rapiant simul et cor cumque loquela,
hoc nimis ille timens ore tacente manet.
At succurrit ei miseransque loquela vetusta,
viva, Latina, tamen, taliter alloquitur:
"Sum tibi praesidium, vivamque ego semper in aevum,
crede, meas voces audiet illa dies."

Ad discipulos[28] *lectiones turbantes*
(Josepho Colombara dedicatum)

Desinite strepere voce, iuvenes improbi,
nequit docere vos magister et pater!
Ut Margareta[29] vellat aurem suaviter!
Dominicus[30] ille vestra facinora defleat!
Benigne ab aethere despice, o iuvenis, precor!
Mutate mentes et magistro obsequimini!

De anate rubra immortali vel de vehiculo vetusto Norberti Thiel

Laudabunt alii splendens adamante vehiclum,
quod genuisse Bavaria gaudet.
Sunt quibus illa placet Mercedis commoda rhaeda,
quam care Stuttgardia vendit.
Italicus quamquam Ferrarius ille creavit
esseda — amata nimis! — rubicunda.

---

[28] Ad discipulos instituti Salesiani Florentini.
[29] Margareta, mater Johannis Bosco.
[30] Sanctus Dominicus Savio, patronus iuvenum.

Est tua Gallica anas tibi carior omnibus illis
curribus electis pretiosis.
Namque rubris alis vectus visisti Orientem et
Russam metropolim rubriorem.
Mirabatur anas tecum miracula mundi,
sive Silesia sive Polona.
Mortua bis, surrexit anas bis: tertia vivat
tracta duobus equis redivivis.

De diluvie Austriaca

(Gerardo Alesio dedicatum)

Curnam diluvies te, felix Austria, inundat?
Laesistine deos impietate tua?
Montes arboribus nudasti et flumina flexu:
Diluvies iustum est ecce lucrum sceleris!
Fluctibus e vastis tamen eminet astra petensque
Parnassus duplici vertice Pierius.
Alter ibi stat Deucalion, stat et altera Pyrrha:
Mundo, Pyrrha, novo femineo genere
Non opus est, neque saxa iuvat iactare te, Alesi,
Undique sed versus spargere perpetuos.

De cane sciurum[31] *persequente*

Cur oderit poeta,[32] quaque de causa
abhorreat sciuro ab innocenti illo,
mirabar, ut furore eodem et irata
canis secuta sit sciurum inermemque,
propulseritve in arborem sciurum altam.
Sed maxime mirata sum audiens voce
magna canem allatrantem inauspicatam alte
praetervolantem hirundinem: arbitrabatur
canis sciurum in alitem esse mutatum.
Non Martialis, est canis novus Naso!

In Josephum von Eichendorff

Vera vox pacis vetus est Latina:
Patria dulci profugos recepit:
inque victores odium coercet,
mitigat iram.

---

[31] Sciurus,–i, m. = Eichhörnchen.

[32] Cf. Martialis epigrammaton lib. V,XXXVII,13: inamabilis sciurus.

Voce privatis propria redonat
Et novam linguam atque capax asylum,
criminum priscorum et adhuc acerba
vulnera sanat:

"Reddam imagines speculo Latino,
quas superba vox abolevit omnes,
quas poeta olim tibi pinxit ille,
Slesia, Joseph":[33]

Sisto in umbroso nemore ultimoque
termino vitae quasi ut appropinquans,
in crepusculo arva iacent procul ni-
tente Viadro.

Nocte[34] campanae resonant canorae,
quo sonu silvae tremulant remoto.
Caprea horrescens caput allevat sta-
timque reclinat.

Silva somnians apices supremos
leniter motat, venit aura ab alta
rupe: transit, ecce, Deus, salutans
arva quieta.

Auf Joseph von Eichendorff[35]

Wahres Friedenswort ist Latein seit alters:
den Vertriebenen gab es neue Heimat,
mäßigt auch den Haß auf die Sieger und be-
sänftigt das Zürnen.

Denen, die beraubt ihrer eignen Sprache,
leiht es seinen Mund, gibt Asyl Verbannten,
die von altem Unrecht noch off'nen Wunden
weiß es zu heilen.

"Seht in meinem Spiegel verlor'ne Bilder,
die in ihrer Hochmut die fremde Sprache

[33] Sequitur carmen Eichendorffianum, cuius titulus est "Nachts" (nocte).

[34] Hic apparet titulus carminis.

[35] Eine deutsche Übersetzung der lateinischen Fassung ist eigentlich widersinnig, weil das Latein ja den nicht mehr Deutschkundigen oder den im Konflikt zwischen Deutsch und Polnisch Stehenden Asyl geben will. Noch widersinniger ist es, wenn in der dritten Strophe das Latein selbst auf Deutsch spricht. Die deutsche Fassung ist daher nur als Hilfe zum besseren Verständnis der lateinischen gedacht.

ausgelöscht, die, Schlesien, dir dein Dichter
Joseph gemalt hat":

Nachts

Ich stehe in Waldesschatten
Wie an des Lebens Rand,
Die Länder wie dämmernde Matten,
Der Strom wie ein silbern Band.

Von fern nur schlagen die Glocken
Über die Wälder herein,
Ein Reh hebt den Kopf erschrocken
Und schlummert gleich wieder ein.

Der Wald aber rühret die Wipfel
Im Traum von der Felsenwand.
Denn der Herr geht über die Gipfel
Und segnet das stille Land.

Ad animam Poloniae
(Danutae Nowickae dedicatum)

Me aspexisse nigris dignata Polonia ocellis:
ante nigrum signum flecto ego rite genu.
Ut nigruit per saecla Dei Genetricis imago,
obscurata anima est sic veteris populi.
Salve, anima, o cruciata nimis, vexata dolore,
sancta nigredo, mihi luminibus benedic!

An die Seele Polens
(für Danuta Nowicka)

Mich hat mit schwarzen Augen die Seele Polens betrachtet:
Vor ihrem schwarzen Bild beuge ich fromm meine Knie'.
Wie durch Jahrhunderte hin sich schwärzte das Bild der Madonna,
so verdunkelte sich Seele des uralten Volks.
Sei mir gegrüßt, du gemarterte Seele, von Schmerzen gezeichnet,
heiliges Dunkel, ich bitt', segne mich mit deinem Blick!

Ad Catulli carmen XLV[um]
(Gerardo et Mariae dedicatum)

Efulsit subito vetus
versus, cum leviter caput
reflectens puero dedit
Acme basia ut altera
suo Septimio alteri

surrexitque Catullus.

Vestro amore beatior
nullus sit, precor a dea,
auspicatius et nihil!
Vobis sternuat approbans
semper mater Amoris.

Ad Heroides XV,97.98

Scribimus et lacrimis oculi rorantur obortis.
Aspice quam sit in hoc multa litura loco.

Saepe in epistula inest lacrimarum multa litura,
propterea periit littera scripta manu.
Perque stilum Sapphus Naso monstravit amorem
flebilem et in foliis ficta litura latet.
Ficta elegiaca verba tamen mandata papyro
lectoris calidas saepe bibunt lacrimas.
Guttaque electronica ardens quo, quonam fluet illa?
In lectorum corda excipiente oculo.
Atque iterum effluit illa e cordibus, exit in album:
Immotusque manens orbis electronicus.

Carmina interretiaria

I

Retiarium salutat ipsa retiaria,
versibus vincit quadratis retibusque Cypridis.
(Utrum rete sit Volcani, nescio, an Volcaniae ...)
Interretis o patrone, parce tu clientibus!

II

(commercium epistulare inter Poloniam et Germaniam)

Plus tribus hebdomadis haerebat epistula saepe,
dum tandem illa meam pervenit ad patriam.
Nuntius autem electronicus volat ocius aura:
Corda utinam Europam sic properent socia!

III

Ad Utam Vellguth, quae emigravit e Germania in Canadam

Quis citius diei
Luce Phoebum praecelerat, citius et quadrigis?
Nuntius universum
Rete ad extremam Canadam praevolitans per umbras.

Dic mihi, quis diei
Obviam currat properans in veteremque mundum?
A Canada profectus
Nocte serus nuntius, hic mane aderit sequenti.

Sic prius in futurum
Tempus, Uta, ingressa, equidem praeteritum petivi.
Nunc iterum regressa es
Nuntiis Europam, ego nunc ad nova litora ibo!

IV

(cf. Joan. 20,26: venit Jesus ianuis clausis)

Portis clausis dicens "Ave!"
Clam intravi hoc conclave.
Usque cordis portam veni
Appellansque pulsu leni:
"Aperi non potestati,
sed amoris maiestati!"

V

Non sic Lesbia candida
irrepsit tenero pede et
arguta solea prius
in conclave Catulli,

litteras ut ego intuli
in album tacite tuum,
album candidius vitro,
luce splendidiusque.

Adveni solea sine,
adveni sine corpore,
praesens sum per epistulas,
per versus crepitantes.

VI

O profuge et peregrine, alter Messalla, viator,
immemor ipse mei cumque cohorte tua,
instabilisque loci, nec constans esse videris,
sive per Aegaeum, seu mare Suebicum eas.
Hic et ubique mihi soli est Phaeacia terra,
interrete tamen dulce mihi auxilium est:
Cum mihi tu raro breviorem nuntium amoris
mittis electronicum, quem recreata lego.

VII

(Cum Lucas per interrete annuntiaret se arborem caesurum esse)

Dic mihi, quodnam scelus arbor insons
Turpe commisit, cadat ut securi
Et manu immiti misera, hortulane et
Arboricida?

Forte te taedet recubare in umbra?
Fructuum parum peperit culinae?
Anne furtivi tacita illa facta est
Testis amoris?

Quale tu nuper facinus professus
Laetus interrete per universum
Me cecidisti, mea spes, aratro
Praetereunte.

VIII

Nuntii tuo quiescunt computatri in horreo,
ut solent dormire infantes non nati in stagno suo.
Extrahe, ut ciconia illos, depositas epistulas!

IX

Nil in albo apparet epistularum
nec tabellarum neque nuntiorum.
haereant ne illi timeo universo in
rete doloso.

Libera, Neptune, agiles, recentes
nuntios, pisces saliant in album,
indicent rursum: memor est amoris
ille remotus.

X

Computatrum invasit in universum et
Grande rete electronicum insonante
Sibilo arguto nimis, acriore et
Vocibus anguis.

Nonne mors fortasse brevis meatus
In novam vitam, etsi odiosus atque
Acer, arduus, tamen ad petita
Gaudia ducens?

XI

Nuntios tua tibi transmittit interretiarios:
Retiarium moriturae te salutant litterae.
Evanescunt, sepeliuntur, tunc resurgunt litterae.
Sic post mortem nos surgemus olim, si vocat Deus.

XII

Me iuvat manibus tenere chartam,
explicareque litteras venustas,
odorare papyrum, eam tenere,
scripturam propriam tuam intueri.
At invisibiles, repente visi
Nuntii celeres recentiores
Tamquam tegmine vestibusque nudi
Apparent propius manu rescriptis.

XIII

Ad Alanum Van Dievoet, qui laudes carminum per interrete transmisit

Tertio in millennio, Alane, carpe —
Post Horati, post obitum Catulli —
Ultimos flores, moribunda Musa
Quos tibi mandat.

Serius florent rosulae caducae:
Barbaris quidnam populis Camena est?
Et nepotibus peregrina visa est
Lingua Latina.

Candide o iudex, miserere, Alane,
carminum, precor, miserorum, Alane,
conde in horreo mea computatri
carmina sera.

Liber Chrysostomi ultimus

I

Cum Chrysostomus persecutus est ab hostibus quibusdam

Centum luminibus custodiat invidus Argus,
hostis et exsomnis te urgeat et cruciet.
Unicuique oculo sint lumina mille secunda:
est amor: ille oculis praenitet innumeris.

II

Propempticon

Chrysostome, ergo nunc proficiscere,
quocumque ducat te via, devia…
vale tibi dicit Calypso,
o mea lux, speciose ocelle!

Ne sis amoris, dulce caput meum,
oblitus umquam, suavioli ultimi
memor domum laetus reverte:
hic hilaris remanet Camena.

Salvet Deus te, corculum amabile,
caelestis adsit semper et angelus,
incognitus qui protegebat
clam puerum pietate plenum.

Te, vitam amatam, teque, animam meam,
quandoque reddant incolumem mihi
semperque defendant ab omni
pernicie superi benigni.

Caput recisum est, lumen et erutum est,
cum corde et una vita, anima et simul
rapta est, inextricabilem orbem
saucia, caeca perambulabo.

III

"Interrupta quies"[36]

"Interrupta quies mea et gravatum est",
o Chrysostome, "cor meum": excitasti
amorem penitusque dormientem:
nunc noctes vilgilo mihi canendas,
mane et carminibus diem saluto —
nec gravi numero nec infacete
semper canto hilari levique more,
ne rumpam requiem tuam, — expedite
quovis, papilio, vola, venuste!

IV

Cum Chrysostomus a latrone concussus est

Quisnam securi percutit tibi calvam,

[36] Goethe: "Meine Ruh' ist hin ..."

ut prosileret vertice e tuo nata,
minor Minerva caerula atque procera?
apparuisti fulminantior rege
deûm: nitore tota sum tuo elisa!

V

Haikua Frisingensia

a

Nympha caerula
luridas inter herbas
regnat pallide.

b

Sella vacua
in horto delectatur
radiis solis.

c

Turda guttatim
occipiens canere
noctem dissolvit.

VI

Pervigilium Veneris

Sacerdos Veneris

Abite, Furiae, vos apage, facessite!
Quid hic Oresten matricidam quaeritis
apud innocentem, sceleris integrum virum?
habet unicum modo crimen: dixit mortua
cadavera esse mortua, esse mortuos
linguam docentes semimortuam arguit.
Desinite, Erinyes, obsidere noctibus
diebus illum, quem in sinum fovet Venus!

Chorus

O Venus ultrix, candida victrix,
servo fido, qui tibi soli
semper servit, succurre tuo!
Ecce, Venus, te semper adorat:
pelle inimicos et Livorem,
nigros Lemures!
Adsit roseis pedibus, croceis

alis aureus ille Cupido:
mitte et in hostes, saeve, sagittas,
atque faces in pectora iacta,
parce nec ulli!
Vos laudamus, matrem subolem,
gratiam habemus, votaque reddimus
nunc et in aevum.

VII

Non tantum me oculi nigri, facundia, risus,
nec nitor incendit, blanditiaeve tuae,
quantum "ignosce, precor, mihi" rara humanaque verba
me cepere tua, ut diligam amemque simul.

VIII

Ad Chrysostomum inclusum

Fortunate Tibulle, mero compescis amorem
et miser ante fores pervigilas dominae.
At tacet hanc portam, fatum crudele, Elegia,
desinet et planctus edere perpetuos.
Angelus has postes illevit sanguine sancto:
ecce piata Satan limina praeteriit!

IX

Ad Chrysotomum ebrium

Te totum deus obsidet, Liber ille Lyaeus,
atque ardentius effluit sermo et dulcius ore,
o Chrysostome, cur tamen nec nymphas fugientes,
ut Faunus, neque Maenades, dic Silene, sequaris?
Te mei cupidum fore et dilecturum et in annos,
iurasti, iuvenili anum praelaturum et amicae.
Haec dixti mihi credulae concedente Suada —
at vino sine frigidus nec mei meministi.

X

De candelis votivis

Incensa igne tuo ardeo, consumorque furore,
sic et taeda micans perit, sic candela crematur.
Vovi exusta vicarium me aris ponere lumen:
pro te luceat alterum, pro te et alterum adoret
tutelam Veneris, precans et tutamen Amoris.

Carmina Atheniensia

I

Bibliotheca Hadriana

Hadrianus olim dedit Atheniensibus
hanc bibliothecam, deinde ab Herulis barbaris
disiecta et incensa est et orbata est libris.
Nunc campus evastatus archaeologicis
gregibus iacet: foveae, scrobes sunt undique,
interque fossas rosula crescit pallida:

O rosa, exorsa es vetere e libello,
semine aeterno lyrici poetae,
in meum carmenque iterum revertere
inque libellum!

Scientiarum molibus cor obrutum et
oppressum onustum et opere et officio nimis
effodiam amatum nixa genibus accidens –
succresce, rosula dulcis, dulce corculum,
cui melle Hymettia orchis est praedulcior,
qua laeta campis abigor a lugentibus.
(vel: qua misera ad arva ego adigor ad lugentia.)

II

In turrim ventorum

Te circum, turris, flant tot per saecula venti,
    decussus est Trito tuo culmine marmoreo.
Iudex nullus adest, qui ventos iudicet ullos
    circumvolantes angulos cum querulo gemitu.
Nec custos vigilans describit, ut ante, procellas
    intra tuos muros neque clepshydra stillat aqua.
Sic adii desiderio te, dure, furente
    saevisque tempestatibus, rara fluit lacrima …
Aeole rex, revoca rabidos volucresque ministros
    ventos in imum carcerem praecipita cupidos!
At tamen humano cordi confisa fideli
    te, turris, agito consonam, spiritibus teneris.

III

In Ceramicum

Crescunt undique gramina,
intermixta papavera

florent, stant monumentaque in
antiquo Ceramico.

Cur pallescere caespites,
saxa albere, papavera,
dic nobis, rubicundius
florere hic videantur?

Sunt cadavera pallida,
exclamat rubrius cruor
caesorum, albius hic iacent
ossa occiso et amore.

IV

Acropolis

Ascendi ad altas, ad celeberrimas
aedes Minervae, templum ad Erechtheum,
vidi Giganteas columnas,
marmoreas vacuasque cellas.

Sedes reliquit coetus Olympicus:
corvus Tonantis, noctua Palladis
nidos reliquerunt supremos,
frigida cuna deûm remansit.

Quonam evolastis, penniferi dei?
Stridorem acutum sentio in aethere
circumsonantem aedes relictas
aura genam tetigit volucris.

Vita

Anna Elissa Radke Hamburgi nata anno MCMXL ibidem primum, postea Marpurgi studiis se dedit philosophiae, litterarum Latinarum Graecarumque, theologiae Lutheranae. Magistra artium facta examinibusque publicis feliciter absolutis Marpurgi filio filiaeque educandis curam impendit, carmina Latina nec non Germanica scribit. Quorum carminum libri hi iam antea in lucem prodierunt: Musa exsul (1982), Mein Marburger Horaz (1990), Katulla (1992), Harmonica vitrea (1992), In reliquiis Toiae (1995), Ars paedagogica (1998).